Barbara Böke

Ich singe was ich kann

Lieder und Spiele von Anfang an

FIDULA

Inhalt

Vorwort

Die vorliegenden Lieder sind eher „Liedspiele", wobei jedes eng mit Spielen und Lernen verbunden ist, ganz gleich, was gelernt werden soll. Einmal dreht es sich um reines Begriffebilden und -festigen, ein andermal um das Kennenlernen unseres Körpers und die Funktionen von Gliedern und Organen – und weiter gibt es die verschiedensten Tätigkeiten, die in jedem Kinderleben zu erlernen sind, wie etwa das Anziehen oder das Handhaben von Werkzeugen (Essbesteck, Besen etc.). Viele Tiere, Früchte und alltägliche Gegenstände kommen in den Liedern vor, und auch Kreisspiele und Tänze haben ihren Platz darin.

Text, Melodie und Form sind vorwiegend knapp und schlicht gehalten, ebenso die Rhythmen. Mütter, Erzieher und Lehrkräfte werden sich sicher schnell zurechtfinden. Die Texte können für den eigenen Bedarf verändert und ausgetauscht werden, je nachdem, wie es für ein Kind oder eine Gruppe erforderlich erscheint. Grundsätzlich sollte möglichst deutlich gesungen werden, jedoch nicht übertrieben artikuliert und ohne dass der musikalische Fluss darunter leidet. Soll erreicht werden, dass ein Kind etwas zeigt, also eine gesungene Frage beantwortet, so darf man sich bei kleinen Kindern nicht scheuen, das betreffende Wort, etwa „Nase" oder „Ball", wieder und wieder zu wiederholen, bis das Kind versteht und reagiert. Dabei kommt es nicht darauf an, dass wir besonders schön singen, wenn es nur recht deutlich ist. Kinder reagieren auf ein gesungenes Wort meist besser als auf ein gesprochenes.

Fast alle Liedspiele haben eine kurze Erläuterung und Hinweise für den Gebrauch, doch schließt das keineswegs aus, dass sie anders praktiziert werden können. Da Kinder individuell unterschiedlich sind und jeweils andere Ziele verfolgt werden, meine ich, dass Einfühlung und eigene Erfahrung die besten Helfer sein werden.

Die ersten Liedspiele sind gedacht für die Allerkleinsten (Kinder ab etwa 1 Jahr), bewegen sich also auf einer niedrigen Schwierigkeitsstufe. Am Ende des Buches finden sich Liedspiele, die meines Erachtens und auf Grund meiner praktischen Erfahrungen für ältere Kinder geeignet sind, da sie die Möglichkeit der Steigerung oder Abschwächung in der Schwierigkeit offen lassen.

Auch der Einsatz von Instrumenten (z. B. aus dem Orff-Instrumentarium) scheint mir wichtig, auch schon bei den Kleinsten. Hören, rhythmisches Tun, einzeln oder in Gruppen, und rein motorische Betätigung – so viele Möglichkeiten sind dabei offen, die wir nutzen sollten. Dabei versuchen wir herauszufinden, was den Kindern gefällt und Spaß macht. Die Instrumente sollen nicht nur zum „Geräuschemachen" verwendet werden, sondern wir versuchen, sie in das gesamte musikalische Tun einzubeziehen. Auch Farben spielen eine Rolle: Bunte Glocken, farbige Rasseln etc. sprechen alle Kinder an.

Mögen die Liedspiele vielen Kindern Freude bringen!

Barbara Böke

1. Wo sind deine Ohren?

Das Lied kann so lange gesungen werden, bis alle den Kindern bekannten Körperteile genannt sind. In Takt 5 hat das Kind die Gelegenheit, den erfragten Körperteil genau zu zeigen. Der Takt muss eventuell mehrmals wiederholt werden, bis das Kind richtig reagiert. Bei den letzten Takten auf „Ja, ja ..." kann geklatscht oder der Rhythmus auf Instrumenten mitgespielt werden. Je nach Kontext kann man statt „deine" auch „meine", „eure" oder „unsre" singen.
Eine Weiterführung wäre, im Wechsel zu singen: Frage – Antwort, ab „Ja, ja ..." alle zusammen.

2. Ich habe einen Kopf

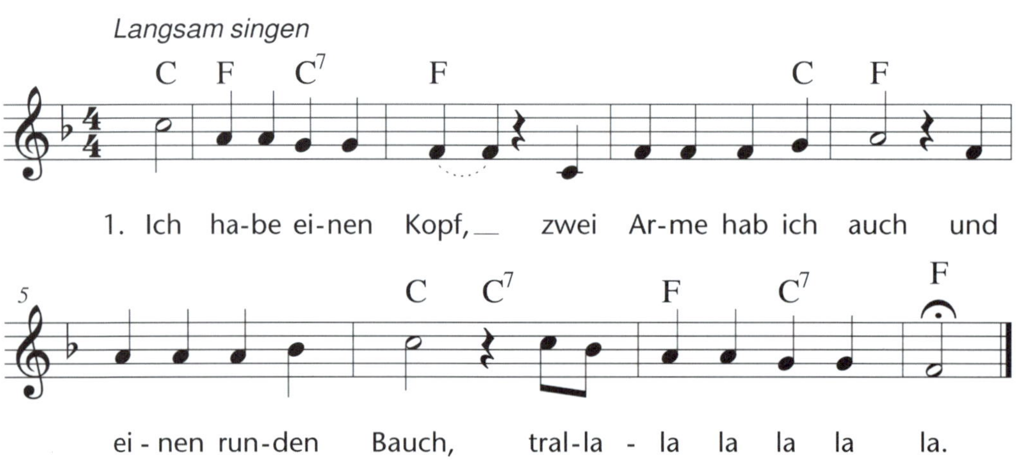

2. Mein Kopf, der hat zwei Ohren,
zwei Augen, Nas und Mund
und obendrauf das Haar,
trallala ...

3. Ich habe auch zwei Hände,
da sind die Finger dran,
damit ich spielen kann,
trallala ...

4. Ich habe auch zwei Beine,
da sind die Füße dran,
damit ich laufen kann,
trallala ...

Beim Singen auf alle Körperteile zeigen, bei „trallala" nach Belieben dazu klatschen. Instrumente können den Rhythmus vielseitig unterstützen.

3. Zeig mir deine Hände

Dieses kleine Spiel ist dem Lied „Wo sind deine Ohren" ganz ähnlich, aber bereits für ganz kleine Kinder geeignet. Sie können singend die Bezeichnung aller Teile des Kopfes und des Körpers üben. Gehen Sie dabei langsam vor und zeigen Sie mit, was die Kinder zeigen sollen. Warten Sie, bis sie es erfasst haben. Machen die Kinder nicht recht mit, so wiederholen Sie nur ein oder zwei Teile. Sind sie mit Eifer und Spaß dabei, so zeigen Sie Ihre Freude darüber, nicken, zeigen nochmals „ja, da sind deine Hände" und begleiten den zweiten Teil jeder Strophe mit lebhaftem Händeklatschen.

4. Hier hab ich ein Bein

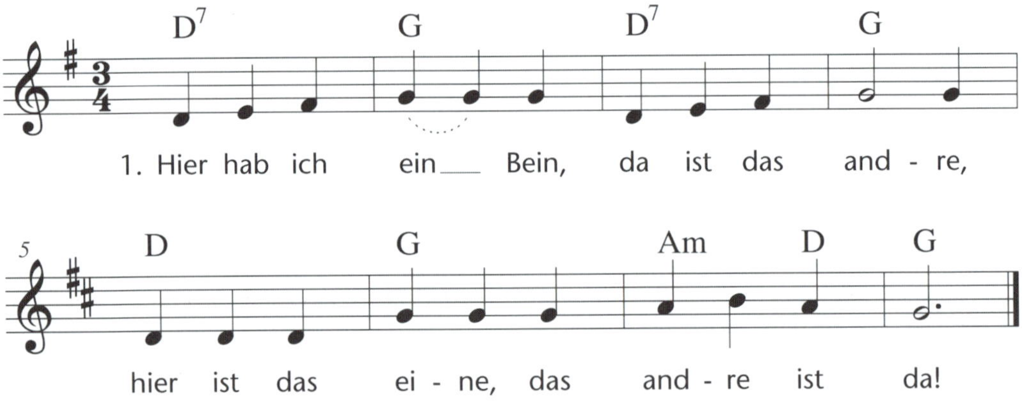

2. Hier hab ich einen Arm, ...
3. Hier hab ich einen Fuß, ...
4. Hier hab ich eine Hand, ...
5. Hier hab ich ein Ohr, ...
6. Hier hab ich ein Knie, ...
7. Das ist ein Auge hier, ...

Für Kinder, denen man die Unterscheidung zwischen rechts und links noch nicht zumuten kann, die aber wohl schon lernen sollen, dass es eben zwei verschiedene Arme, Beine, Hände etc. gibt, ist dieses Spiel gedacht. Wollen Sie länger singen, nehmen Sie zur Erweiterung Spielzeug oder anwesende Personen. Später, wenn Sie zwischen rechts und links unterscheiden wollen, können Sie die Wörter „hier" und „da" im Lied durch „rechts" und „links" ersetzen.

5. Mein Teddy, der hat Augen

2. Mein Teddy hat 'ne Nase.
Da, da, da, da,
mein Teddy hat 'ne Nase.

3. Mein Teddy hat 'nen Mund.
Da, da, da, da,
mein Teddy hat 'nen Mund.

4. Mein Teddy, der hat Ohren.
Da eins und da eins,
mein Teddy, der hat Ohren.

5. Mein Teddy, der hat Haare.
Da, da, da, da,
mein Teddy, der hat Haare.

Vermitteln Sie mit diesem Lied spielerisch die Kenntnis der wichtigsten Teile des Kopfes. Es macht den Kindern viel Spaß, die besungenen Körperteile zeigen zu dürfen, und sie sollen möglichst selbst entscheiden, was als nächstes drankommt. Erweiterungen (Arme, Beine etc.) oder Püppchen, Hündchen, Vater, Mutter, Spielgefährten – alles können Sie in das Lied mit einbeziehen!

6. Ich stampfe mit den Füßen

Zügig und sehr rhythmisch!

2. Ich winke mit den Armen,
ich klopf auf meine Beine,
ich drehe mich im Kreise,
das alles kann ich schon!

Selbst die Kleinsten machen bei diesem Lied vergnügt mit. Bei ihnen sind wir noch etwas zurückhaltend im Tempo, sonst aber soll das Liedchen ein richtiger Muntermacher sein, scharf im Takt sollen alle dasselbe tun, stampfen, klatschen etc. Je besser es klappt, umso mehr Spaß macht es allen zusammen. Bei „das alles kann ich schon" wird jeweils kräftig geklatscht. Wer mehr weiß, erfindet Neues dazu!

7. Meine Hände klatschen

2. Meine Hände streicheln ...
3. Meine Hände waschen ...
4. Meine Hände klopfen ...
5. Meine Hände krabbeln ...
6. Meine Hände laufen ...

Dieses kleine Spiel ist für die ganz Kleinen gedacht und dementsprechend einfach gehalten. Auch hier können Sie beliebig viele Strophen anhängen. Jede neue Tätigkeit der Hände wird so lange langsam oder in etwas schnellerem Zeitmaß wiederholt, bis die Kinder sie erfasst und erkannt haben und dann mit viel Spaß mitmachen.

8. Mit meinem Kopf, da nicke ich

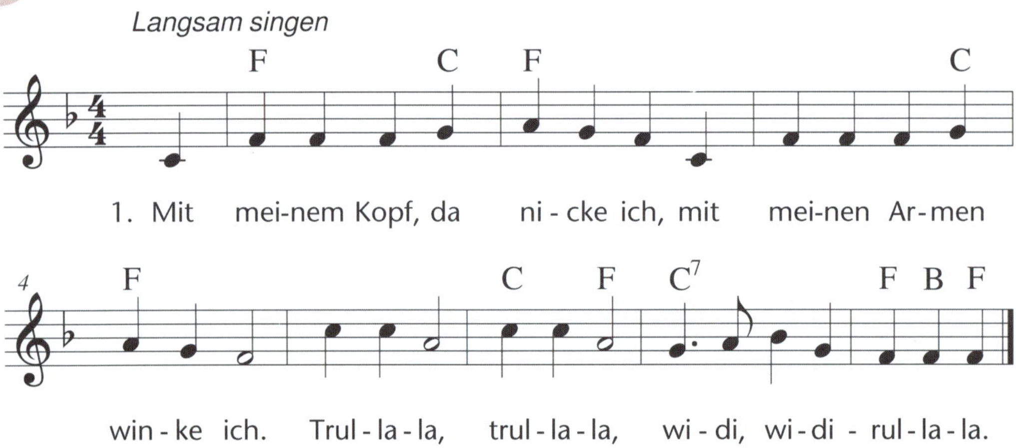

2. Mit meinen Händen klatsche ich,
mit meinen Füßen trapple ich.
Trullala ...

3. Mit meinem Löffel esse ich,
aus meinem Becher trinke ich.
Trullala ...

4. Mit meinen Augen schaue (oder: sehe) ich,
mit meinem Mund, da singe ich:
Trullala ...

Bei diesem Lied werden alle Bewegungen mitgemacht. Es lässt sich beliebig erweitern. Bei „Trullala“ klatschen alle in die Hände. Die Melodie wird rhythmisch mit Klangstäben, Triangeln, Rasseln etc. begleitet.

9. Ich bin ein kleines Häschen

2. Ich bin ein kleines Häschen
mit einem Schnuppernäschen,
und wenn ich nicht mehr hüpfen will,
dann sitze ich ganz still.
Kleiner Has, Schnuppernas,
sitzt im grünen Gras.

Dies ist ein Kreisspiel für ganz Kleine – das heißt, für Kinder, die zum Teil noch nicht einmal laufen können. Trotzdem kann mit Hilfe vom kleinen Häschen versucht werden, die Kleinsten zu gemeinsamem Tun zu bringen, wobei die Lehrkraft noch sehr viel helfen muss! Aber das Schnuppernäschen zeigen, die „Ohren (mit den Händen) strecken", hüpfen und sitzen, das werden sie bald können. Langsam singen!

10. Lieber Osterhas

2. Lieber Osterhas,
bitte, bring mir was,
viele Eier, bunt und schön,
will ich gerne suchen gehn,
lieber Osterhas.

Damit die Kinder wissen, worum es geht, und das Eiersuchen ein Erfolg wird, wird es schon mal ein paar Tage vor dem Fest geübt. Aus dem kleinen Lied wird dabei ein Spiel. Wie groß wird dann die Freude zu Ostern sein, wenn die Kinder viele bunte Eier finden!

11. Spaziergang

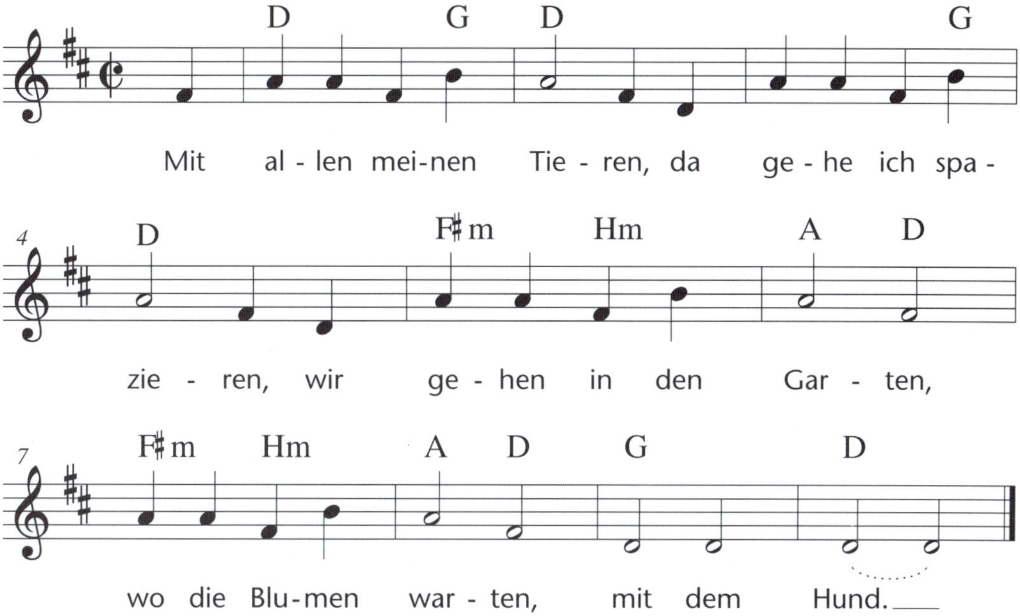

Weitere Strophen zählen andere Tiere auf, die mitgenommen werden: mit der Ente, mit der Gans, mit dem Pferd usw.
Es gibt etliche Möglichkeiten, dieses Spiel zu praktizieren: Tierfiguren können auf dem Tisch aufgestellt werden, oder sie werden einzeln gezeigt und dann aufgezählt. Oder es gibt einen kleinen „Spaziergänger", und die Spielgefährten sind die Tiere, die zum Spaziergang geholt und mitgenommen werden. Sicher gibt es noch mehr Möglichkeiten. Wichtig ist es, nach jedem neuen Tier die ganze Reihe zu wiederholen.

12. Wie macht die Kuh?

2. Wie macht denn die Ente? – Gack-gack, gack-gack, gack, gack, gack, gack, gack.

3. Wie macht denn der Hund? – Wau-wau, wau-wau, wau, wau, wau, wau, wau.

4. Wie macht denn die Katze? – Miau, miau, miau.

5. Wie macht denn das Schaf? – Bäh, bäh, bäh.

6. Wie macht denn die Ziege? – Meck-meck, meck-meck, meck, meck, meck, meck, meck.

7. Wie macht denn der Vogel? – Piep, piep, piep, piep, piep, piep, piep.

8. Wie macht denn der Frosch? – Quak, quak, quak, quak, quak, quak, quak.

9. Wie macht denn die Taube? – Gu-ru, gu-ru, gu-ru-ru-ru-ru.

10. Wie macht denn die Biene? – Summ-summ, summ-summ, summ-mum-mum-mum-mum.

Das Lied soll mit den vielen Tierstimmen vor allem Spaß machen. Nebenbei lernen die Kinder die Namen der Tiere. Wenn Sie beim Singen allmählich das Tempo steigern, stellt dies eine gute Übung für die Sprechorgane dar. Schließlich können Sie die spezifischen Begriffe für die Lautäußerungen der Tiere einführen, also z. B. „Wie brüllt die Kuh?“ oder „Wie blökt das Schaf?“ So vereinen sich auch hier Spiel, Spaß und Arbeit.

13.

Mondgesicht malen

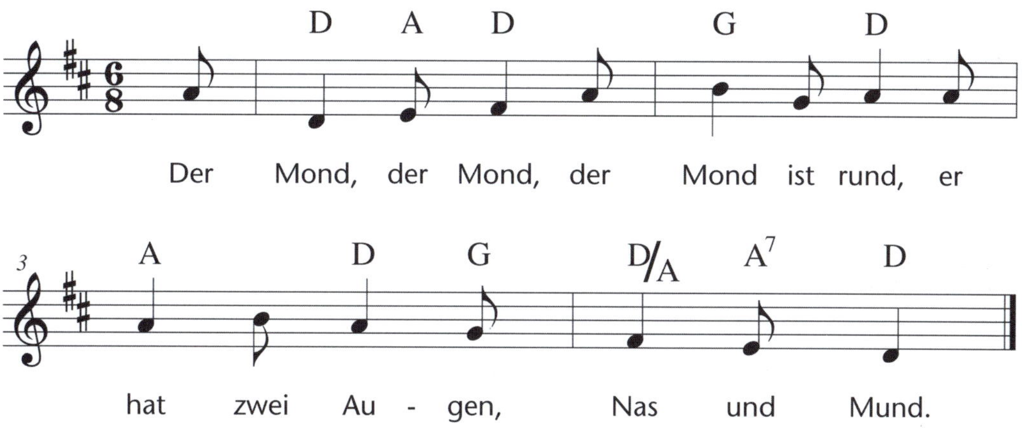

Wenn die Kinder wissen, wo Augen, Nase und Mund zu finden sind, dann sollten sie beginnen, das zu malen. Das „runde" Mondlied soll dabei helfen. Die Lehrkraft führt die Hand des Kindes im Kreis – in der Luft, auf Papier, an der Tafel – und sie tupfen Augen, Nase, Mund hinein.

14. Ich male mit den Fingern

2. Ich male mit dem Buntstift
immer rund, rundherum, einen Ball,
und so bunt und rot und grün,
hei, wie wird der Ball so schön!

3. Ich male mit dem Pinsel
immer schön hin und her, kunterbunt,
da ein Klecks und da noch was,
hei, das Klecksen, das macht Spaß!

Erfahrungsgemäß malen Kinder sehr gelöst, wenn sie scheinbar „ganz nebenbei“ Musik hören. So soll auch dieses Lied helfen, ihren Spaß am Malen zu erhöhen. Wenn Sie etwas vorbereiten, können die Kinder frei wählen, welches Material sie gerade verwenden wollen. – Möchten Sie beim Singen und Malen gleichzeitig die Grundfarben üben, singen Sie die Strophen 2 und 3 wie die 1. Strophe und tauschen nur das Malutensil aus: „mit dem Buntstift“ bzw. „mit dem Pinsel“.

15. Das ist ein Ball

Dieses Spiel ist wieder etwas für die Kleinsten. Man kann damit nicht nur Begriffe bilden und festigen, sondern auch versuchen, Personen vertrauter zu machen. Dabei singt man dann z. B. „Das ist der Jan" oder „Das ist der Opa" usw. Nimmt man aber Gegenstände, dann ist es ratsam, die Dinge griffbereit zu haben, damit die Kinder sie wirklich in die Hände nehmen können, und man wird die ersten vier Takte so oft wiederholen, bis die Kinder reagieren und vielleicht sogar versuchen, den gesungenen Begriff nachzusprechen bzw. zu singen.

16. Der Ball, der rollt

Auch die ganz Kleinen können schon mitmachen, wenn es lediglich darum geht, einen Ball, eine Dose, eine Holzkugel oder einen runden Stab (Besenstiel) zwischen beiden Händen auf dem Boden hin- und herzurollen. Das Lied soll eine schwingende Bewegung unterstützen und gewissermaßen ein Maß geben. Es ist deshalb wichtig, darauf zu achten, wie schnell oder langsam man sein darf, damit das Schwingen möglichst gleichmäßig geschehen kann.

17. Guten Morgen, guten Tag, gute Nacht!

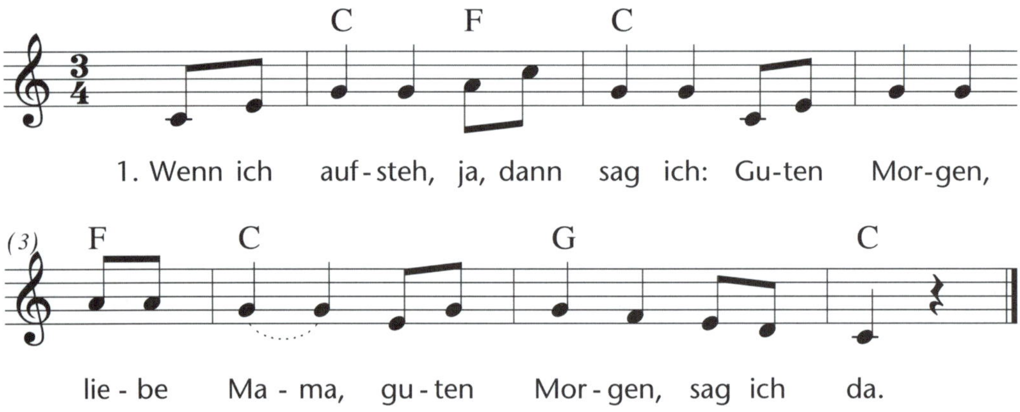

2. Und am Mittag, ja, dann sag ich:
Guten Tag, mein lieber Papa,
guten Tag, so sag ich da.

3. Geh ich schlafen dann am Abend,
sag ich beiden: Gute Nacht!
Gute Nacht, so sag ich da.

Üben Sie zunächst nur den Morgengruß, und animieren Sie die Kinder, diesen und auch die anderen Grüße möglichst oft anzuwenden: Eltern, Geschwister, Spielzeuge sind wie stets gute Objekte. Später kann man ein Fragespiel daraus machen und das Kind antworten lassen: Wann sage ich „Gute Nacht“? Was sage ich am Morgen?

18. Meine Hände haben Finger

Die Kinder üben hiermit das Zählen von 1 bis 5. Dabei wird gleichzeitig die Kenntnis von Händen und Fingern vertieft. Man kann mit den Fingern die Zahl, die genannt wird, anzeigen oder – wenn das den Kindern zu schwierig ist – die Finger der einen Hand mit dem Zeigefinger der anderen Hand abzählen. Das Spiel kann mit den Zehen fortgesetzt werden.

19. Wenn meine Finger munter sind

2. Wenn meine Finger müde sind, dann ruhen sie sich aus,
sie liegen artig da ganz still, und alles Spiel ist aus.

3. Wenn meine Hände munter sind, dann spielen sie herum,
sie klopfen und sie klatschen auch, hei widi-widi-bum.

4. Wenn meine Hände müde sind, dann ruhen sie sich aus,
sie liegen artig da ganz still, und alles Spiel ist aus.

Immer wieder wird die Aufmerksamkeit der Kinder auf ihre Finger und Hände gelenkt, um die Geschicklichkeit und Beweglichkeit zu fördern. Bei diesem Spiel gilt es, den Kontrast zwischen lebhafter Tätigkeit und völliger Ruhe herauszuarbeiten, wobei das Letztere sicher schwieriger sein wird. Zum „Ruhen" nimmt man als „Unterlage" die Tischplatte oder auch die Oberschenkel.

20. Was machst du mit dem Löffel?

2. Was machst du mit der Gabel, mit deiner Gabel,
   was machst du da? Mit meiner Gabel esse ich,
   ess ich die Kartoffeln (oder auch: das Gemüse).

3. Was machst du mit dem Messer, mit deinem Messer,
   was machst du da? Mit meinem Messer schneide ich,
   schneide ich das Fleisch.

Mit dem Löffel zu essen, bleibt den Kindern lange vertraut. Mit diesem Lied können sie den Gebrauch von Messer und Gabel und die Geschicklichkeit im Umgang damit üben. Ein Übungsbesteck kann hilfreich sein.

Hier hast du Erbsen

2. Hier sind die Bohnen, das ist der Reis da,
die Bohnen hier hin, der Reis kommt da hin!

Wichtig ist hierbei nicht, dass die Kinder Erbsen, Bohnen und Linsen unterscheiden lernen, sondern ihre Finger sollen eine Feinarbeit leisten. Um das monotone Sortieren etwas angenehmer zu gestalten, singt man dazu dieses Lied und nimmt vor allem nicht zu große Mengen Hülsenfrüchte.
Will man mit Hilfe dieses Liedes mit den Kindern Früchte kennen lernen, können die Strophen beliebig verändert werden (die Früchte oder Bilder davon parat halten!):

3. Hier hast du Äpfel und da noch Birnen,
die Äpfel hier hin, die Birnen da hin.

4. Hier sind Bananen, da sind Zitronen,
Bananen hier hin, Zitronen da hin.

5. Hier hast du Pflaumen und da noch Kirschen,
die Pflaumen hier hin, die Kirschen da hin.

6. Hier hast du Möhren und da Kartoffeln,
die Möhren hier hin, Kartoffeln da hin.

22. Ich mag so gerne Eier

2. Ich esse gerne Äpfel und ich die Kirschen rot,
   ich ess am liebsten Kuchen und ich viel lieber Brot.

3. Ich esse gerne Gurken, und ich mag den Salat,
   ich ess am liebsten Hering und ich so gern Spinat.

4. Ich esse gern Kartoffeln, und ich ess lieber Reis,
   ich mag am liebsten Nudeln, und ich leck lieber Eis.

5. Ich mag so gerne Suppe und ich gebrat'nen Klops,
   ich ess am liebsten Klöße und ich 'nen sauren Drops.

6. Ich mag so gern Rosinen, und ich, ich mag die Nuss,
   ich ess am liebsten Obstsalat und ich den Schokokuss.

Gut vorbereitet, kann mit diesem Lied eine Art „Bilder-Lotto" entstehen: Auf die Tischplatte legen wir ein großes Blatt Papier, auf dem alle besungenen Lebensmittel abgebildet sind. Von jedem Bild gibt es ein Doppel als Kärtchen, welche unter die Kinder verteilt werden. Beim Singen soll Bild auf Bild kommen. Man kann aber auch nur zeigen lassen.

23. Kuchen backen

2. Wir backen einen Kuchen ...
Wir schlagen die Eier auf,
tun Milch und Mehl darauf
und rühren ...

3. Wir backen einen Kuchen ...
Wir geben nun Backpulver zu,
noch ein paar Rosinen im Nu
und rühren ...

4. Wir backen einen Kuchen ...
Wir füll'n den Teig in die Form hinein,
die muss in den heißen Ofen rein.
Wir freu'n uns, wir freu'n uns, denn jetzt geht's endlich los,
der Kuchen, der Kuchen schmeckt sicher ganz famos.

24. Was siehst du da?

Das Spiel kann beliebig verlängert werden. Wichtig ist, dass die Kinder Gelegenheit haben, im „Schau-Takt“ den gezeigten Gegenstand zu erkennen. Die Pause kann so lange wie nötig ausgedehnt werden. Die Wiederholungstakte gelten der Freude am richtigen Erkennen und der Festigung des Begriffes.

25. Was alles rund ist

2. Rund ist die Scheibe, und rund ist der Kreis,
mal sehn, wer noch was Rundes weiß.

3. Rund ist die Kugel, und rund ist das Rohr,
wo kommt nun noch was Rundes vor?

4. Rund ist die Dose, und rund ist das Rad,
das vielmals sich zu drehen hat.

5. Rund ist der Mond, und rund ist das Loch,
nun sag mir bloß, was weißt du noch?

Als Vorbereitung kann man die Kinder darauf hinweisen, wie vielgestaltig alle Dinge um uns herum sind, und möglichst viel benennen. Fällt dann das Stichwort „rund“, so wird es aufgegriffen, um das Interesse auf alles, was rund ist, zu lenken. Sicher finden die Kinder noch mehr runde Dinge, als in den Liedstrophen aufgezählt sind. Beim Singen kann eine Kreisbewegung mit den Händen ausgeführt werden, und natürlich kann man dabei auch malen.

26. Es gibt nur einen Mond

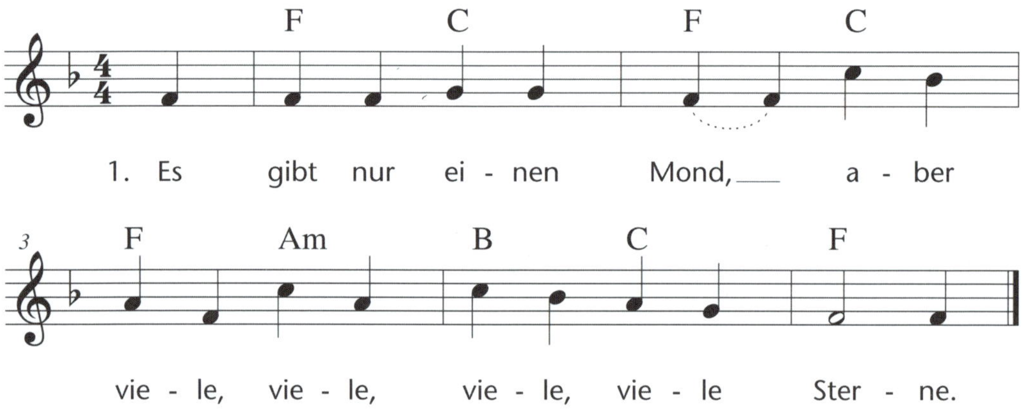

2. An einem einz'gen Baum, da sind viele, viele, viele, viele Blätter.
3. Ich habe einen Kopf, aber viele, viele, viele, viele Haare.
4. Ein einz'ger kleiner Vogel, der hat viele, viele, viele, viele Federn.
5. In einem einz'gen See, da sind viele, viele, viele Tropfen Wasser.
6. In einem einz'gen Buch, da sind viele, viele, viele, viele Seiten.
7. An einer einz'gen Tanne, da sind viele, viele, viele, viele Nadeln.
8. Ein einz'ges kleines Lied, das hat viele, viele, viele, viele Töne.

Es ist ratsam, den Kindern bei diesem Liedspiel die Möglichkeit zu geben, den Unterschied zwischen „eins" und „viel" zu sehen. Dazu muss man u. U. ein wenig basteln. Vielleicht kann man ja auch das Spiel zusammen mit den Kindern vorbereiten und findet dabei noch eine ganze Anzahl guter Beispiele.

Bitte sehr!

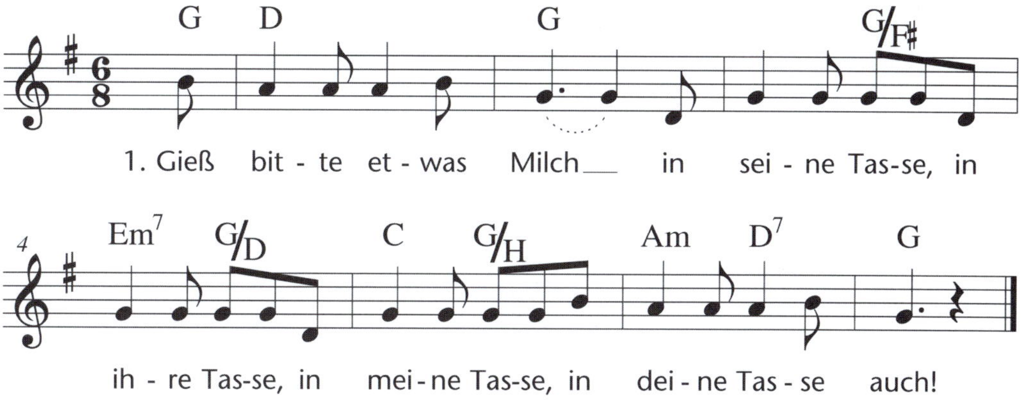

2. Leg bitte ein Stück Brot auf seinen Teller,
auf ihren Teller, auf meinen Teller, auf deinen Teller auch.

3. Tu bitte ein Stück Kuchen auf seinen Teller,
auf ihren Teller, auf meinen Teller, auf deinen Teller auch.

4. Nimm bitte einen Apfel aus seiner Schüssel,
aus ihrer Schüssel, aus meiner Schüssel, aus deiner Schüssel auch.

5. Komm, schütte ein paar Perlen in seine Dose,
in ihre Dose, in meine Dose, in deine Dose auch.

In diesem Spiel, das gute Vorbereitung verlangt, werden manuelle Geschicklichkeit und Konzentrationsvermögen geübt. Getränke eingießen oder ein Stück Kuchen auf einem Teller balancieren, das will gelernt sein. Um Konzentration zu üben, kann man statt der Pronomen „meine, seine, ihre, deine" die Namen der Kinder einsetzen, und natürlich kann auch der „Auftraggeber" wechseln. Weitere Aufträge erfinden!

28. So groß ist ein Kirchturm

2. So groß ist ein Elefant, und so klein, und so klein ist ein Schmetterling.

3. So groß ist ein Tannenbaum, und so klein, und so klein ist die Blume.

4. So groß ist ein Flugzeug, und so klein, und so klein ist die Taube.

5. So groß ist ein Dampfer, und so klein, und so klein ist ein Hering.

6. So groß ist der Papa, und so klein, und so klein ist der Teddybär (oder: Martin, Stefan usw.).

Übertreibung ist bei diesem Spiel angebracht, damit der Unterschied zwischen „groß" und „klein" den Kindern deutlich wird. Man nimmt dabei möglichst vertraute Begriffe und wählt getrost andere als oben angegeben, denn es ist ja wichtig, dass die Kinder verstehen, was da gesungen wird.

29. Hahn und Huhn

2. Der Hahn, der sagt zum Huhn:
„Was wollen wir jetzt tun?
Du legst vielleicht mal schnell ein Ei,
dann gack're laut, ich kräh dabei.“
So sagt der Hahn zum Huhn.

3. Nun kräht's und gackert's weit,
der Hahn gar kräftig schreit;
dann scharren sie im Mist herum
und sehen sich nach Futter um,
der Hahn und auch das Huhn.

Das Leben auf einem Hühnerhof kennen Stadtkinder aus eigener Anschauung kaum. Die Phantasie muss also angeregt werden mit Bildern und Darstellung im Spiel oder dem Besuch auf einem Bauernhof.

30. Schaukel-Lied

Das Schwing-Tempo muss bei diesem Lied ganz den Möglichkeiten der Kinder angepasst werden. Es ist ein reines Balance-Training, bietet aber viele Möglichkeiten der Variation. Vor allem macht es großen Spaß! Es kann im Sitzen, im Stehen, in Gruppen, zu zweit, im Kreis geschaukelt werden. Vor und zurück, hin und her, nur mit den Armen, nur mit den Beinen, angefasst, eingehakt – ganz wie's gefällt. Ein Beispiel: Zwei Erwachsene halten ein Bettlaken (eine Decke, ein großes Handtuch). Ein Kind legt sich darauf und wird zum Lied sanft hin und her geschaukelt. Danach ist ein anderes Kind an der Reihe.

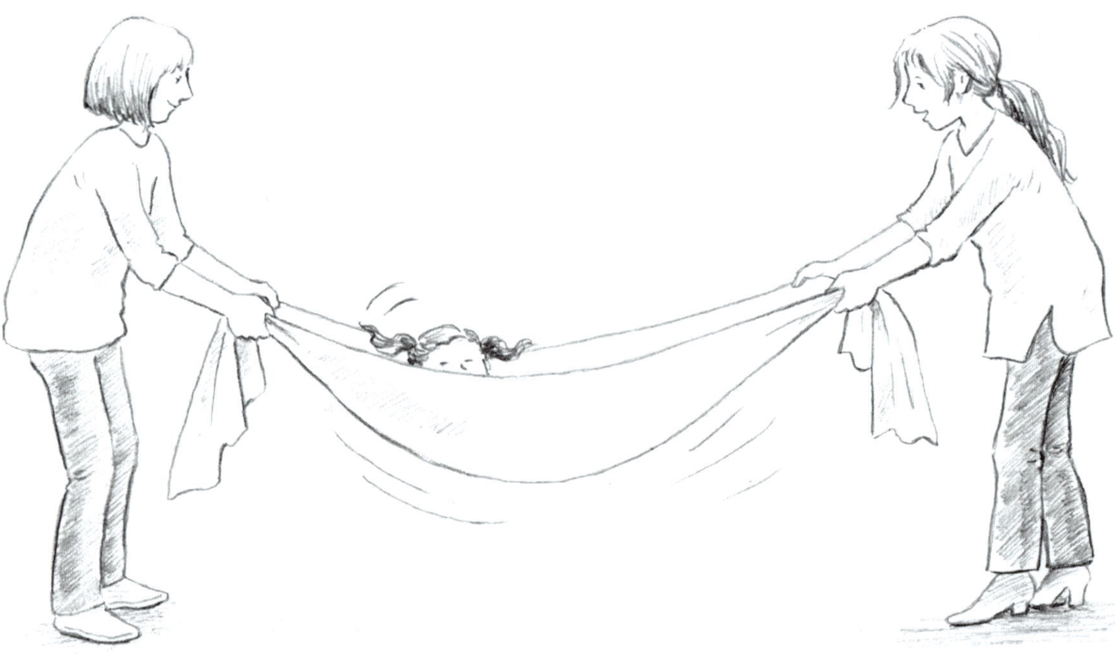

31. Zählen und hüpfen

Das Würfelspiel kann mit allen Kindern gespielt werden, die schon bis 6 zählen können oder mit denen man es gerade lernen will. Wie man es gestaltet und anwendet, ist auf verschiedene Weisen möglich. Ein Vorschlag: Auf dem Boden werden Markierungen angebracht (Kreidestriche, Tesakrepp-Streifen etc.), an deren einem Ende die Kinder stehen und am anderen die Gruppenleiterin. Letztere hat vor allem die Aufgabe, den gerollten Würfel zurückzubringen, damit die Kinder zählen und dann entsprechend hüpfen können. Das Kind, welches zuerst am Ende der Leiter angekommen ist, hat gewonnen. Natürlich kann auch ohne Markierungen durch den Raum gehüpft werden, was sicher dazu anregt, möglichst weit zu springen. Das Hüpfen nach Markierungen fördert zusätzlich das Balancegefühl. Schaumstoffwürfel (ca. 30 x 30 x 30 cm) können Sie kaufen, z. B. bei „www.lekis.de“ oder „www.seni-on.de“.

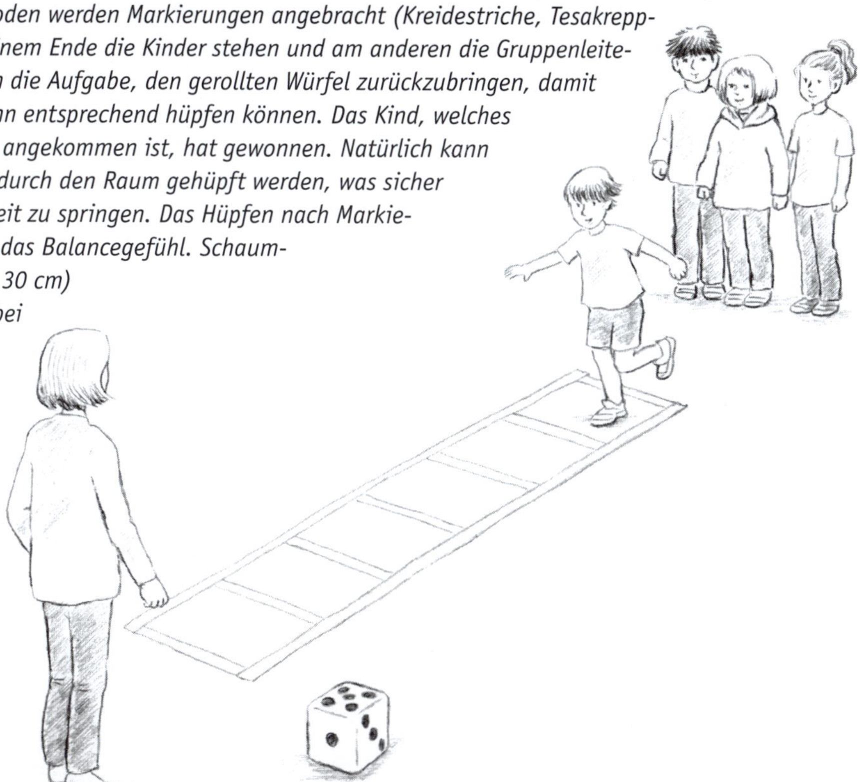

32. Kleiner Springinsfeld

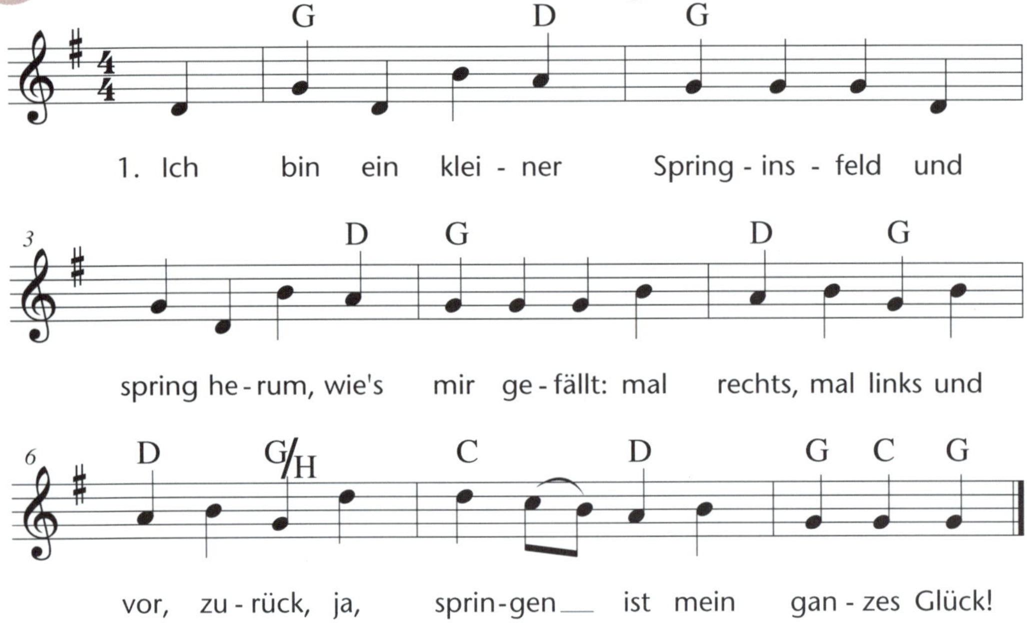

2. Ich kann das auch auf einem Bein,
ich spring auch über Stock und Stein.
Mal rechts …

Ein Lied zum Springen und Austoben: Nehmen Sie den Refrain wörtlich und springen Sie mit den Kindern wie im Lied angegeben.

33. Ich heiße August Fridolin

2. Und meine Frau heißt Wulliwisch,
sie schwimmt im Wasser wie ein Fisch.
Wadiwapp ...

3. Wir haben auch noch Kinderlein,
die wackeln lustig hinterdrein.
Wadiwapp ...

4. Ihr müsst nicht bis zum Südpol gehn,
im Zoo könnt ihr uns täglich sehn.
Wadiwapp ...

Die ganze Pinguinfamilie wird von den Kindern gespielt. Zum Refrain ahmen alle den watschlig-wackligen Gang nach. Dabei liegen die Arme seitlich am Körper, wobei die geschlossenen Hände im rechten Winkel auswärts zeigen. Dem Melodierhythmus folgend, werden jeweils auf „wadiwapp, wapp, wapp" zwei kleine, dann drei größere Schritte gemacht, wobei der ganze Körper mit nach links oder rechts wackelt. Bei „klapp, klapp" klatschen die Hände („Flossen") an den Körper.

34.

Lange Schlange

„Bunt“ ist hier nicht im Sinne von farbig gemeint, sondern als Wechsel von Jungen und Mädchen, großen und kleineren Kindern, die sich, als Kette angefasst oder hintereinander mit Schulterfassung, zum Lied bewegen.
Die Melodie ist sehr in die Länge gezogen, damit die Schlange auch „lang“ wird. Sie kann natürlich nach Belieben noch mehr verlängert oder auch wiederholt werden.
Langsam und gleichmäßig singen, das Tempo langsam steigern!

35. Muntere Reise

Die Kinder gehen im Kreis. Nach „was man dabei machen kann“ in Takt 7 und 8 bleiben alle stehen. Das genannte Kind zeigt nun irgendetwas, z. B. Trapsen mit den Füßen, Kreisen der Arme etc. In den letzten vier Takten machen dies alle Kinder im Kreis nach und klatschen dabei, je nach Möglichkeit, im Takt mit:

Soll die „Muntere Reise“ beendet werden, dann singen wir: „Niklas, das war wirklich fein, doch jetzt muss ein Ende sein!“ Dazu im Takt klatschen.

36. Jetzt wird gleich Musik gemacht

* *oder in diesem Takt die jeweilige „Instrumentenstimme"*

2. Das ist eine Rassel hier, Rassel, die macht *rack, rack, rack!*
   Darum, Kinder, ...
3. Das hier ist ein Xylophon, Xylophon macht *pling, plang, plong!*
   Darum, Kinder, ...
4. Das ist eine Triangel, Triangel macht *ding, ding, ding!*
   Darum, Kinder, ...
5. Das ist eine Trommel hier, Trommel, die macht *bum, bum, bum!*
   Darum, Kinder, ...
6. Das ist eine Flöte hier, Flöte, die macht *tütlitüüü!*
   Darum, Kinder, ...
7. Das hier ist ein Klangstab, Klangstab, der macht *dingedong!*
   Darum, Kinder, ...

Ein reines Vergnügen am Singen, Rasseln und Lärmen soll hier entstehen, eine Freude am musikalischen Tun mit jeweils vorhandenen Instrumenten. Jedes wird gezeigt, nach dem Doppelpunkt ab Takt 9 „vorgeführt", und zum Schluss sind alle ein „lustiges Orchester"! In Takt 8 vor dem Doppelpunkt langsamer werden, danach im ursprünglichen Tempo weitersingen.

37. Ein Musikzug kommt

2. Immer näher kommt der schöne Zug,
schon sieht man die Trompeten,
und immer lauter wird der Klang
von Trommeln und von Flöten.
Ram, tam-ta-tam …

3. Um die Ecke zieht nun die Musik,
wir winken und wir singen
die lust'ge Weise immer noch,
man hört's noch immer klingen:
Ram, tam-ta-tam …

Das Lied soll die Kinder dazu anregen, abwechselnd laut und leise zu singen und zu musizieren. Leise – laut – leise – dies wird den Kindern durch den Text vorgegeben. Lassen Sie sie mit allen verfügbaren Instrumenten probieren. Der Rhythmus des Refrains fordert Konzentration.

38. Wir tummeln uns im Schnee

2. Juchhe, juchhe, juchhe,
   wir tummeln uns im Schnee!
   Wir bauen einen großen Mann,
   mal sehn, wer das am besten kann.
   Juchhe, ...

3. Juchhe, juchhe, juchhe,
   wir tummeln uns im Schnee!
   Und jetzt passt auf, nehmt euch in Acht:
   Wir machen eine Schneeballschlacht!
   Juchhe, ...

4. Juchhe, juchhe, juchhe,
   wir tummeln uns im Schnee!
   Wer da noch bleibt im warmen Haus,
   den lachen wir ganz tüchtig aus!
   Juchhe, ...

Mit viel Freude und Phantasie werden die Kinder das „Tummeln im Schnee“ zu spielen versuchen. Wer nicht gerade spielt, singt umso kräftiger.

39. Wir bauen einen Schneemann

2. Und rechts und links, da kriegt der Mann
zwei schöne, runde Arme dran;
als Nase kriegt der Liebe
'ne lange, rote Rübe.

3. Auf seinen weißen, dicken Bauch,
da kommen blanke Knöpfe auch,
ein Mund und Augen müssen dran,
damit er sehn und lachen kann.

4. Und weil er sich auch wehren soll,
kriegt er 'nen Besen, das ist toll!
Zum Schluss, da tanzen wir, juchhe,
um unsern Mann aus Schnee!

Unser dicker Mann aus Schnee wird beim Singen richtig „gebaut", entweder gemalt oder aus vorbereiteten Teilen zusammengesetzt (Vorlage zum Kopieren und Ausschneiden auf S. 38). So werden auch hier der Spaß und das Spiel mit Kreativität verbunden.

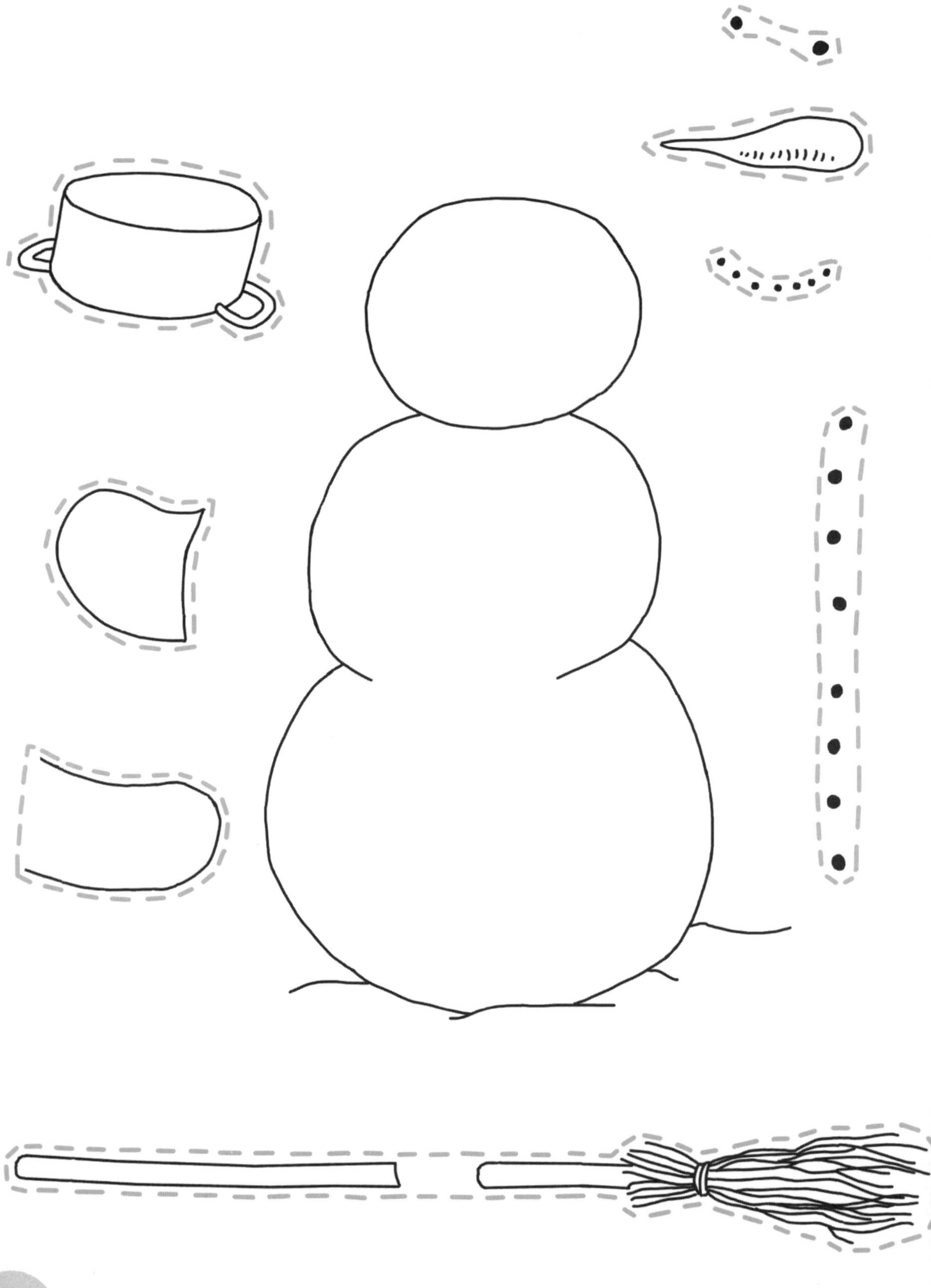

40. Meine Kuh heißt Ida

2. Meine Henne heißt Dorle
und mein Hahn, der heißt Fritz,
meine Katze heißt Mohrle,
und mein Hund, der heißt Spitz.

3. Meine Ziege heißt Anna
und mein Schwein, das heißt Quick,
meine Maus heißt Susanna,
und mein Bär, der heißt Dick.

4. Meine Taube heißt Käthchen,
und mein Affe heißt Fips,
meine Ente heißt Gretchen,
und mein Hase heißt Schnips.

Mit der Namensverteilung an die Tiere in diesem kleinen Privatzoo lernen die Kinder die einzelnen Tiere kennen und behalten die Tiernamen besser. Spielarten sollte man selbst erfinden. Kleine Spielzeugtiere kann man z. B. dazu verwenden, oder die Kinder stellen die Tiere dar. Mit selbsterfundenen Zusatzstrophen kann die Anzahl der Tiere gerne erweitert werden.

41. Der Kuckuck

Der Kuckucksruf wird hier am Ende des Liedes für eine kleine rhythmische Übung verwendet, die nicht ganz einfach ist, weshalb man geduldig und genau üben sollte. Gelingt es dann allen gut (mit Klatschen, Klopfen, Klangstäben etc.), ist die Freude umso größer.

42. Vöglein singt

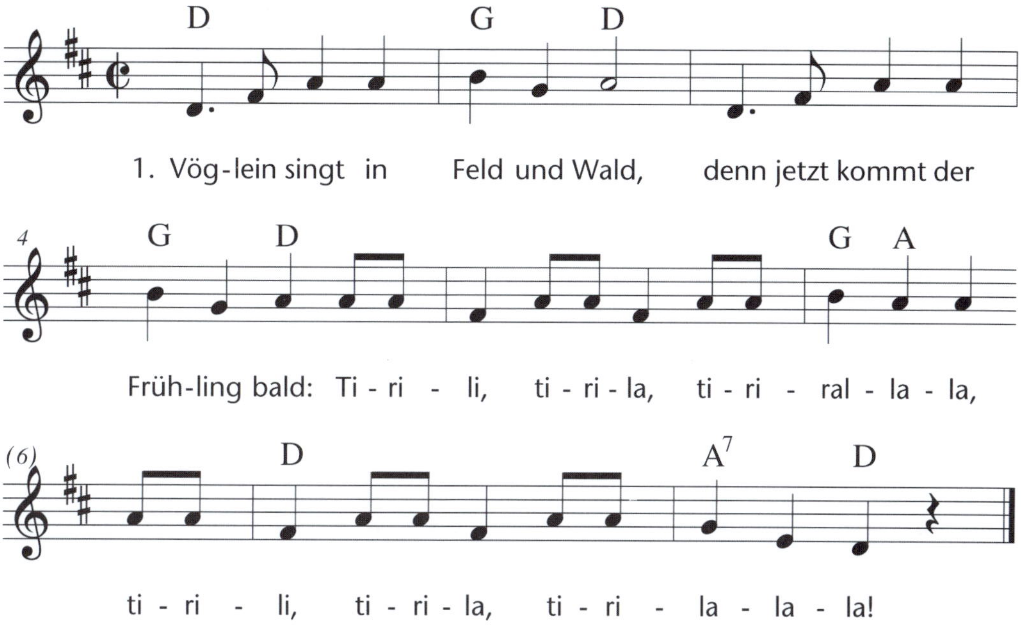

2. Auch im Garten an dem Haus
singt es aus dem Busch heraus:
Tirili, ...

3. Und es lacht der Sonnenschein,
und wir stimmen froh mit ein:
Tirili, ...

Dieses Frühlingsliedchen ist zum reinen Singen und Musizieren gedacht. Dabei kann man den Refrain vielseitig gestalten, etwa auf dem Glockenspiel die Melodie mitspielen und mit passendem Schlagwerk (Triangel, Cymbel etc.) den Rhythmus begleiten und unterstreichen.

43. Was ist das?

2. Schau mal her, was ist das?
Das ist eine Katze.
Ja, ja, ja, das ist eine Katze.

3. Schau mal her, was ist das?
Das ist ein Hund.
Ja, ja, ja, das ist ein Hund.

4. Schau mal her, was ist das?
Das ist eine Maus.
Ja, ja, ja, das ist eine Maus.

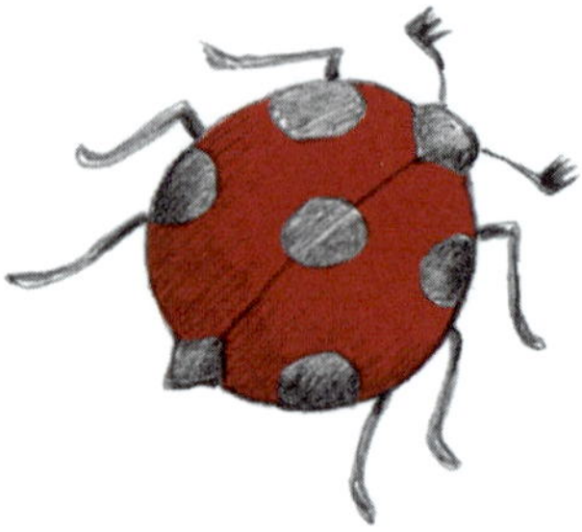

Sie können dieses Lied nicht nur mit Tieren, sondern auch mit Gegenständen üben. Wichtig ist, dass klare und schöne Bilder (oder Dinge) zur Verfügung stehen, die die Kinder gut erkennen und – wenn möglich – benennen können. Mit größeren Kindern kann ein Frage-und-Antwort-Spiel daraus entstehen.

44. Der bunte Herbst ist da

2. Der Herbst, der mag den kalten Wind,
die beiden gute Freunde sind.
Hei, widira ...

3. Der Herbst malt bunt die Blätter an,
wir haben unsre Freude dran.
Hei, widira ...

4. Der Wind, der bläst die Blätter rum,
er biegt sogar die Bäume krumm.
Hei, widira ...

5. Doch trägt der Herbstwind, hei juchhe,
auch unsre Drachen in die Höh.
Hei, widira ...

Herbst, Wind, Blätter, Bäume – das alles wird von den Kindern dargestellt und gespielt, während andere oder auch alle zusammen singen. Das Vorstellungsvermögen wird lebhaft gestärkt und vertieft. Die Kinder können den Wind, die Bäume, den Herbst usw. auch mit Instrumenten darstellen (vorher geeignete Instrumente auswählen). Diese sollten dann jeweils an der passenden Textstelle erklingen.

45. Wir bauen ein Haus

2. Wir bauen, wir bauen ...
Nun setzen wir die Mauern auf,
ein Stein kommt auf den andern drauf.
Wir bauen, wir bauen ein schönes Haus!

3. Wir bauen, wir bauen ...
Und obendrauf, da kommt das Dach,
der Schornstein wird auch angebracht.
Wir bauen, wir bauen ein schönes Haus!

4. Wir bauen, wir bauen ...
Jetzt setzen wir die Fenster ein,
sonst kann ins Haus kein Licht hinein.
Wir bauen, wir bauen ein schönes Haus!

5. Wir bauen, wir bauen ...
Die Tür, die fehlt da noch am Haus,
sonst kann ja niemand rein und raus.
Wir bauen, wir bauen ein schönes Haus!

6. Wir bauen, wir bauen ...
Und zu der Tür, nun passt mal auf,
führt eine schöne Treppe rauf.
Wir bauen, wir bauen ein schönes Haus!

7. Wir bauen, wir bauen ...
Garagen müssen auch noch sein,
da fahren wir die Autos rein.
Wir bauen, wir bauen ein schönes Haus!

8. Wir bauen, wir bauen ...
Na, haben wir zuviel gesagt?
Das Haus, das ist doch eine Pracht!
Wir bauten, wir bauten ein schönes Haus!

Das Spiel braucht etwas Vorbereitung: Das Haus – aus Papier, Pappe oder Holz hergestellt – wird so zerlegt, wie das Lied es fordert (Vorlagen auf S. 46 und 47). Dann kann der Hausbau beginnen, die kleinen Handwerker singen dabei nach Kräften. Eine Vorlage (s. u.) kann helfen, besonders bei kleineren Kindern, das Haus richtig zusammenzubauen.

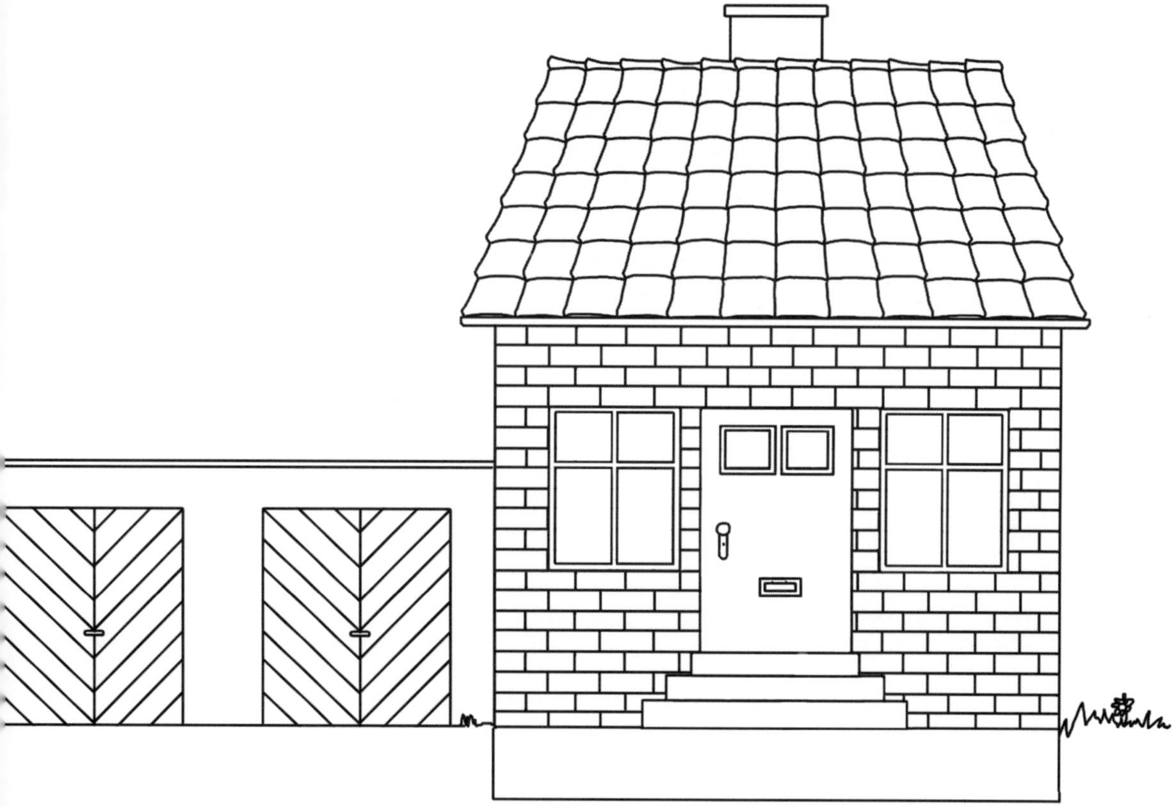

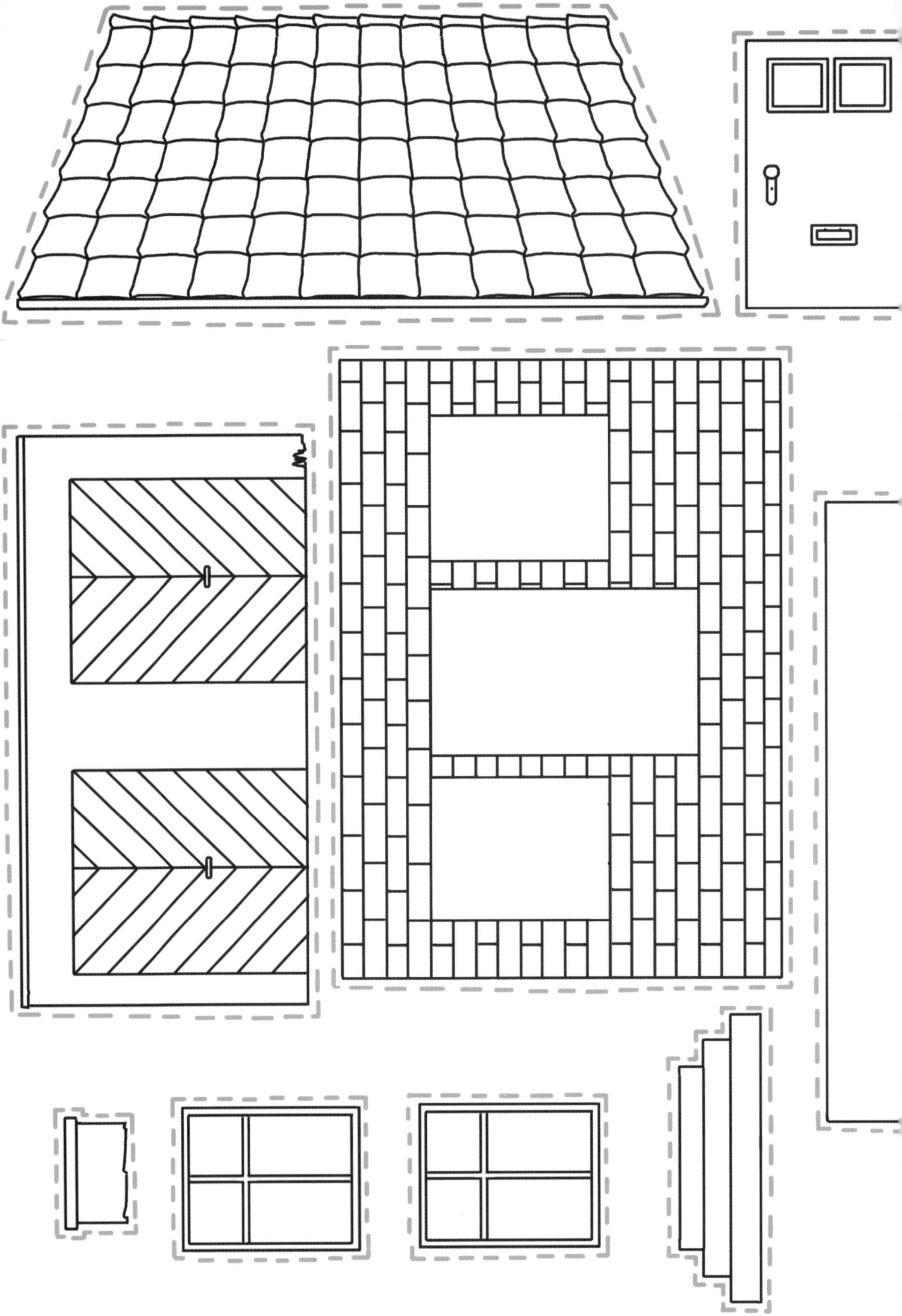

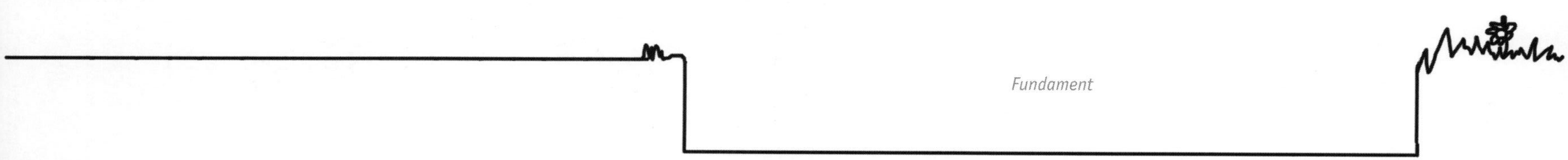
Fundament

46. Ich esse gerne Birnen

Wir haben eine Schale mit Obst bereitgestellt und zeigen den Kindern eine Frucht bei der Liedfrage. Bei „ja-ja" nimmt ein Kind das Obst selbst in die Hand, legt es zum Schluss dann wieder hin. Dann geht das Spiel mit einer anderen Frucht weiter. Mit einer größeren Kindergruppe kann daraus auch ein Kreisspiel entstehen. Dabei wechseln sich die Kinder ab beim Früchtereichen.

47. Mit dem Besen fege ich

2. Mit dem kleinen Handfeger
und der Schaufel, ja, ja, ja,
kehr ich auf, was ich gefegt hab,
ja, das mache ich, ja, ja!

3. Mit dem Lappen und dem Eimer
und dem Schrubber, ja, ja, ja,
wische ich dann schön den Boden,
ja, das mache ich, ja, ja!

4. Mit dem Staubtuch, mit dem Staubtuch,
mit dem Staubtuch, ja, ja, ja,
ja, da putze ich den Staub weg,
ja, das mache ich, ja, ja!

5. Ist dann alles blank und sauber,
ja, so freu ich mich, ja, ja,
singe mir ein schönes Liedchen,
ja, das mache ich, ja, ja!

Mit einem Lied auf den Lippen macht jede Arbeit mehr Spaß – auch den Kindern! Dabei lernen sie nebenbei die dazu nötigen Utensilien und den Umgang mit ihnen kennen. Unterbrechungen einplanen.

48. Treppauf - treppab

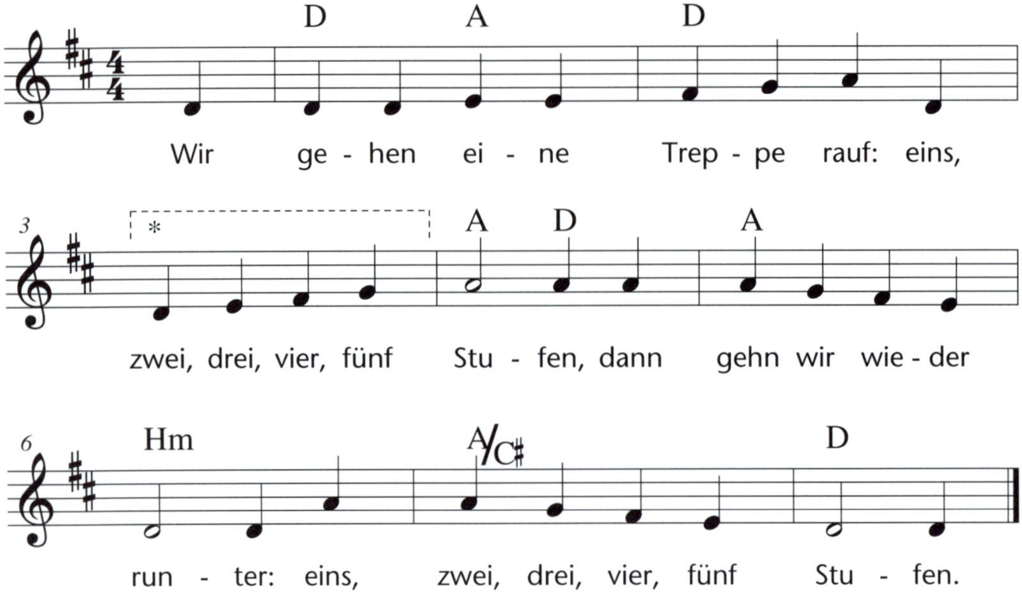

* Variationsmöglichkeiten des Zähltaktes:

Man kann für dieses spaßige Lernspiel Stufen auf den Boden malen, dann im Kreis, in Reihen, zu zweit oder in Gruppen gehen. Bei „dann gehn wir wieder runter“ wird nach einer Kehrtwendung der Rückweg angetreten. Man geht immer nur so weit, wie die Kinder zählen können, der „Zähltakt“ lässt sich ohne weiteres variieren. Bei den vorgeschlagenen Variationsmöglichkeiten ersetzen Sie die „eins“ am Ende von Takt 2 durch eine Pause.
Weitere Spielart: Ich zähl an meiner rechten Hand 1, 2, 3, 4, 5 Finger und zähl an meiner linken Hand 1, 2, 3, 4, 5 Finger (auch die Zehen an den Füßen!).

49. Tisch decken

2. Komm, wir woll'n den Tisch jetzt decken,
   allen soll's zum Mittag schmecken:
   große Teller, Messer, Gabel,
   die Serviette nicht vergessen!
   Oh, wie schön ...

3. Komm, wir woll'n den Tisch jetzt decken,
   allen soll der Kuchen schmecken:
   Teller, Tasse, kleiner Löffel,
   Kuchengabel, Milch und Zucker!
   Oh, wie schön ...

4. Komm, wir woll'n den Tisch jetzt decken,
   allen soll das Nachtmahl schmecken:
   Teller, Tassen oder Gläser,
   Messer, Gabel, auch Servietten!
   Oh, wie schön ...

Das Tischdecken kann beliebig gespielt werden, was das jeweilige Zubehör betrifft. Sie können etwas hinzufügen (und dann die bereffenden Takte verlängern) oder auch auswechseln – jedenfalls sollten alle Teile den Kindern vor Spielbeginn bekannt sein. Alle kommen mal dran mit „Tischdecken", und zum Schluss malen sich alle aus, was man zu der betreffenden Mahlzeit alles schmausen kann.

50. Schmeckst du das?

In diesem Spiel geht es um die Zunge, indem die Kinder herausfinden, wie gut und fein sie schmecken kann. Dabei lernen sie nicht nur zwischen den vier Grundarten des Schmeckens zu unterscheiden, sondern auch, wie viele essbare Dinge süß, sauer usw. sind. Es stehen also nicht bloß vier Schüsselchen zum Schmecken da, sondern möglichst viele. Das kostet zwar etliche Vorbereitung, macht aber umso mehr Spaß. Jedes Kind darf ausgiebig probieren! Und wenn wir nicht viel finden, was bitter schmeckt, dann begnügen wir uns mit süß, sauer und salzig und singen entsprechend (vgl. Textvariante im Lied).

51. Das Wasser

2. Das Wasser schmeckt den Vögeln gut,
den Blumen und dem Vieh,
doch kann man auch drin schwimmen, schwimmen,
das geht ganz ohne Müh.

3. Im Wasser schwimmt der kleine Fisch,
der Seehund und der Aal,
doch tut das auch die Ente, Ente
und auch der große Wal.

4. Das Wasser ist zum Kochen da,
da wird es dann ganz heiß.
Doch wenn der kalte Winter kommt, Winter kommt,
dann wird's zu Schnee und Eis.

5. Das Wasser fällt als Regen oft,
es fällt auf Meer und Sand.
Es ist ein wahrer Segen, Segen
für Menschen, Tier und Land.

6. Das Wasser braucht die Wäscherei
und auch die Feuerwehr.
Nun schau, so viel kann Wasser, Wasser!
Vielleicht weißt du noch mehr!

Wasser ist allen Kindern ein Begriff. Möglichst viel damit in Verbindung bringen – das ist der Sinn dieses Liedes.

52.

Das Mühlenrad

Bei diesem Spiel lernen die Kinder, den Wechsel von langsam und schnell zu erkennen. Die Mühlenflügel – das sind die Arme der Kinder, einer oder beide – schwingen im Wind, je nachdem, ob der „Wind" stark oder schwach bläst. Wichtig ist, dass das Mühlenrad sich gleichmäßig dreht, egal ob langsam oder schnell. Der Schluss kann alternativ auch nach den klein gedruckten Noten gesungen werden.

53. Mein Reifen ist ein rundes Ding

2. Mein Reifen ist ein rundes Ding,
den Ball werf ich hindurch so flink.
Wer, wer ...

3. Mein Reifen ist ein rundes Ding,
ich steige rein und raus so flink.
Wer, wer ...

Mit dem Reifen (dem Gymnastikgerät) spielen und turnen alle Kinder gerne, kleine und große. Für dieses Spiel brauchen wir mindestens einen Reifen und drei Holzblöcke mit einer Kerbe, in die der Reifen aufrecht hineingesteckt werden kann. Sie können sich diese selbst basteln oder beim Schreiner anfertigen lassen.Alternativ kann man den/die Reifen auch von einigen Kindern festhalten lassen. Noch mehr Spaß macht das Spiel, wenn man durch mehrere Reifen krabbeln und werfen kann.
Für die dritte Strophe dienen die Holzblöcke als Unterlage für die Reifen, damit die Kinder wirklich „steigen", also die Füße heben müssen.

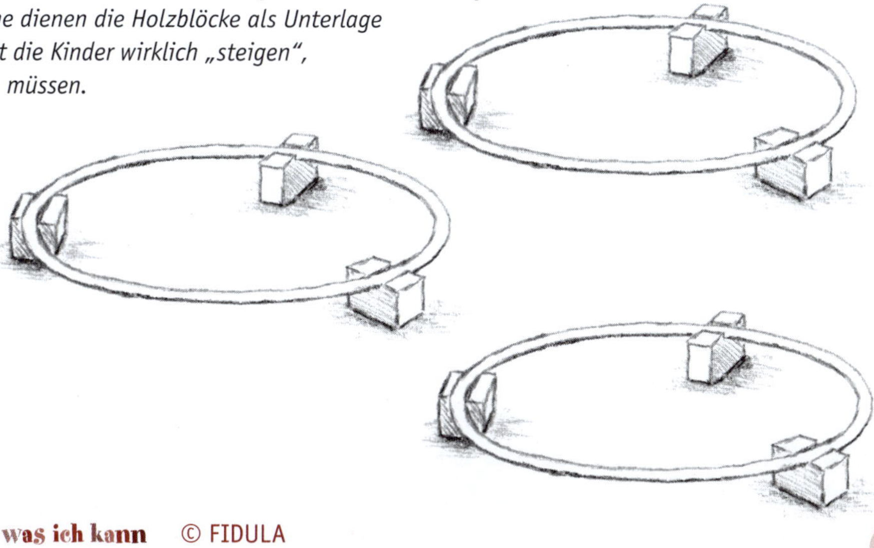

54. Mein Auto

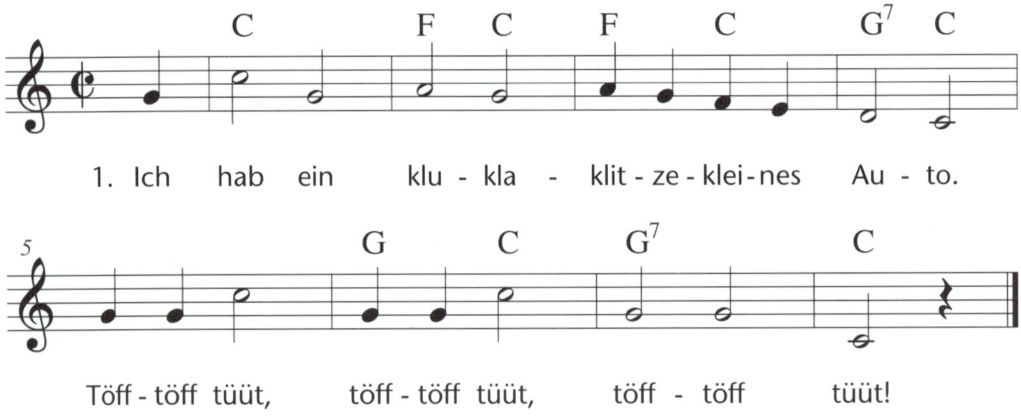

2. Mein Auto, hat 'ne schöne gelbe Farbe.
   Töff-töff tüüt ...

3. Mein Auto hat vier blanke große Räder.
   Töff-töff tüüt ...

4. Die Räder haben dicke schwarze Reifen.
   Töff-töff tüüt ...

5. Mein Auto hat auch schöne helle Fenster.
   Töff-töff tüüt ...

6. Mein Auto hat vier dunkelblaue Sitze.
   Töff-töff tüüt ...

7. Und vorn und hinten hat mein Auto Lampen.
   Töff-töff tüüt ...

8. Mein Auto hat zwei Bremsen und ein Lenkrad.
   Töff-töff tüüt ...

9. Ein starker Motor ist in meinem Auto.
   Töff-töff tüüt ...

10. Mein kleines Auto hat 'ne tolle Hupe!
    Töff-töff tüüt ...

Autos – auch für Kinder natürlich ein wichtiger Begriff! Aber was gehört alles zu einem Auto? Die Kinder lernen es mit diesem kleinen Lied. Wenn möglich, erhalten sie Gelegenheit, in einem richtigen, großen Auto alles zu bestaunen, bevor sie das klitzekleine zur Festigung besingen. Ein kleines Modellauto kann Hilfe leisten, aber auch Tafel und Kreide, Papier und Malstift.

Dreh dich, buntes Rad

Für dieses Spiel brauchen wir vor allem das „bunte Rad": Eine runde Holzscheibe (dickeres Sperrholz) auf einer Achse, welche auf einem Ständer ruht und von Hand in Schwung versetzt werden kann. Am Ständer sitzt fest ein Zeiger zum Anzeigen der Farben. Die Scheiben sind auswechselbar und beidseitig zu verwenden. – Beim Spielen kommen alle in den Kreis, die etwas Blaues an sich haben, wenn der Zeiger auf „blau" zeigt usw. Verteilt man selbst gefertigte Anhänger, Aufkleber oder Ähnliches, kommen viele Kinder dran, was mehr Spaß macht. In der Praxis zeigte sich die Vielseitigkeit dieses Spiels. Man kann sich nämlich mehrere Scheiben herstellen mit vielen Motiven, z. B. Früchte, Kleidungsstücke, und verbindet dabei das Lernen wieder mit einem lustigen Spiel. Da die Kinder immer in Aktion sind – Scheibe drehen, Anhänger verteilen, tanzen usw. – können sie hier viel Ausdauer beweisen.
Tipp: Kann man sich kein stehendes Rad selbst herstellen oder machen lassen, so kann man vielleicht eine einfache drehbare Tortenplatte für das Spiel umfunktionieren.

56. Ich male

2. Ich male einen grünen Baum,
der Baumstamm, der wird braun,
und mal ich rote Äpfel dran,
dann wird's ein Apfelbaum.
(oder auch: blaue Pflaumen – Pflaumenbaum usw.)

3. Ich male einen Blumentopf,
ich mal ihn braun und grün,
und in dem grünen Blumentopf
soll'n rote Tulpen blühn.
(oder auch: gelbe Krokusse, blaue Veilchen,
weiße Schneeglöckchen usw.)

Meistens dürfen die Kinder frei malen, die Farben selbst wählen und eigene Formen und Motive finden. Daneben ist es aber auch wünschenswert, ihren Blick und Sinn für bestimmte Formen zu schulen, sie zu einer Aussage mit Farben zu einem vorgegebenen Thema zu führen, was wiederum die Kenntnis und Festigung bestimmter Begriffe unterstützen kann. – Hilfestellung erhalten die Kinder mit diesem Lied, und dabei malen sie beim Singen selbst mit. Die Kinder werden hörend doppelt aufpassen, zuschauen, um dann eifrig nachzumalen und mitzumachen.
Zu den im Lied gegebenen Anregungen können weitere „Motive" ergänzt werden.

57. Der Elefant

2. Der Elefant ...
er hat zwei starke Zähne.
Hei widibum, ...

3. Der Elefant ...
er hat zwei kleine Augen.
Hei widibum, ...

4. Der Elefant ...
er hat zwei große Ohren.
Hei widibum, ...

5. Der Elefant ...
er hat auch einen grauen Schwanz.
Hei widibum, ...

6. Der Elefant ...
er hat vier dicke Beine.
Hei widibum, ...

Spielend versuchen wir, den Kindern ein Bild vom Elefanten zu vermitteln und die Unterschiede zum Menschen aufzuzeigen. Hilfsmittel können sein: große, selbst gefertigte Puzzles aus Pappe oder Holz (Vorlage auf S. 60), eine große Zeichnung oder ein großes Bild (z. B. Poster) von einem Elefanten. Wichtig ist, dass alle Teile des Tieres deutlich zu erkennen sind, auch wenn dabei ein „anatomisches Wunderwerk" entsteht. – Beim Singen setzen die Kinder den Elefanten zusammen oder zeigen die genannten Körperteile. Bei „Hei widibum ..." klatschen, hüpfen, stampfen etc. alle kräftig mit.
Variante: Der Elefant wird von einem Kind gespielt.

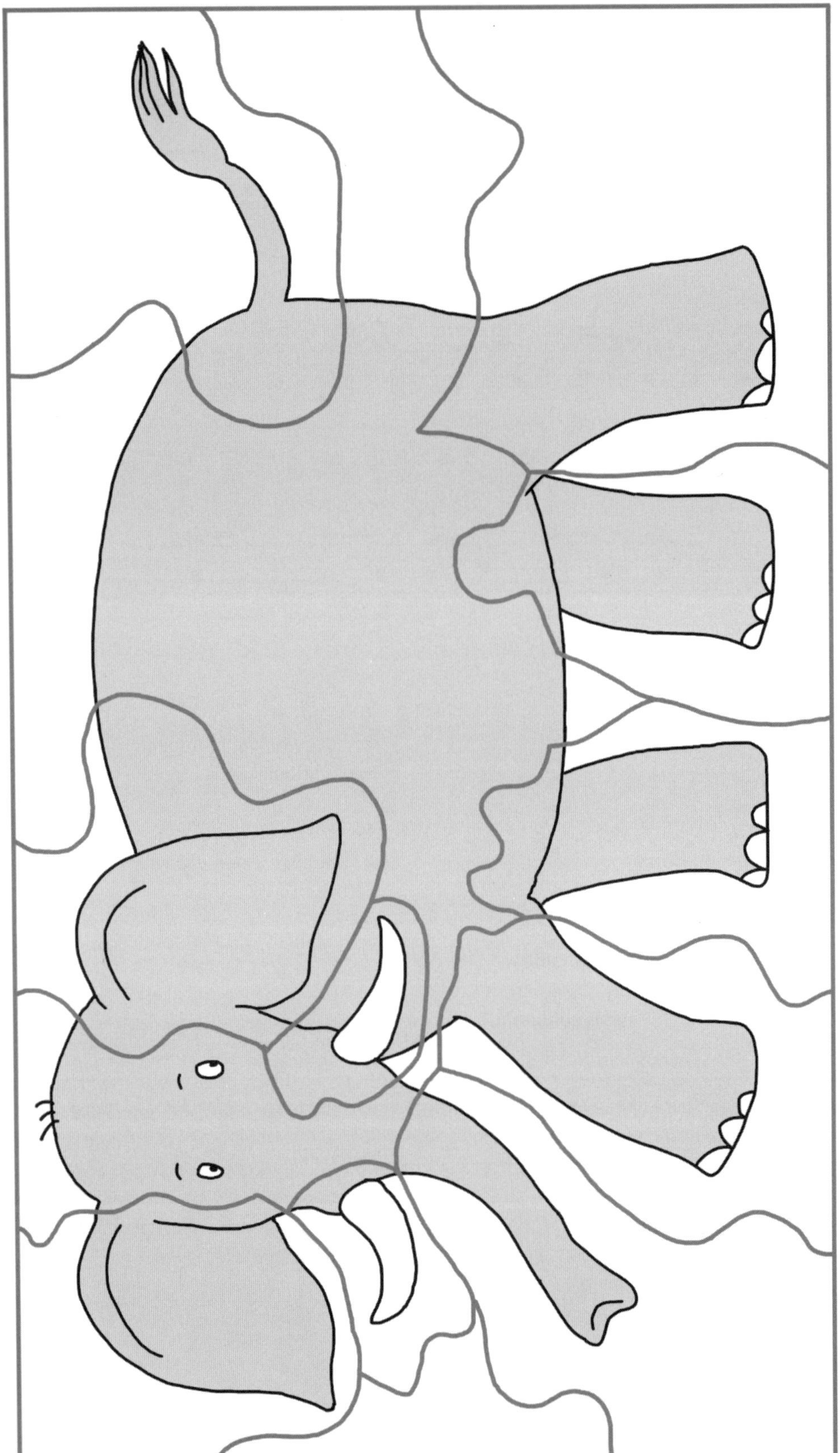

58. Der Hase sitzt im Kohl

2. Der Hase duckt sich tief
und tut, als ob er schlief.
Der Bauer leise lacht
und dann zum Hasen sagt:
„Hörst du wirklich so schwer,
hörst du wirklich so schwer?
Ja, dann hol den Hund ich her,
ja, dann hol den Hund ich her!“

3. Was hast du dir gedacht,
was jetzt der Hase macht?
Er fängt zu rennen an,
so schnell, wie er nur kann!
Geht nicht mehr in den Kohl,
geht nicht mehr in den Kohl,
fühlt im Gras sich auch ganz wohl,
fühlt im Gras sich auch ganz wohl.

Ein Lied zum Darstellen. Sicher will jedes Kind einmal den Hasen spielen!

59. Einkaufslied

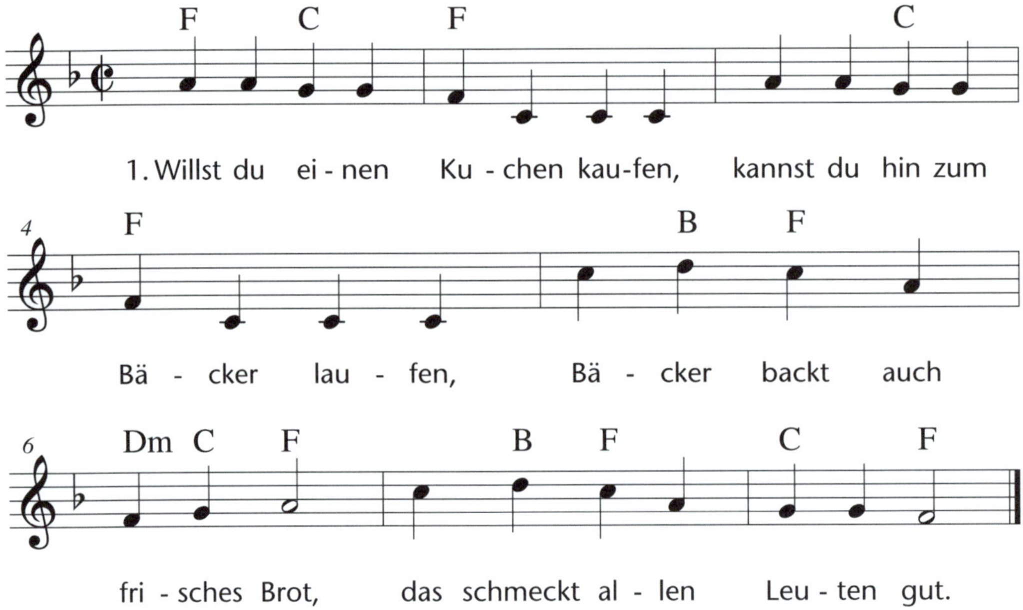

2. Willst du eine Wurst dir kaufen,
kannst du hin zum Metzger laufen,
Fleisch und Wurst und Schinkenspeck
gibt's beim Metzger um die Eck.

3. Willst du Mehl und Zucker kaufen,
kannst du in den Laden laufen,
was die Mutter braucht im Haus,
sucht sie sich im Laden aus.

4. Willst du schöne Blumen haben,
gehst du in den Blumenladen,
Blumen blau und rot und gelb
kaufst du dir dann für dein Geld.

5. Willst du neue Kleider haben,
kannst du in die Stadt reinfahren,
suchst dir dann was Schönes aus
in dem großen Warenhaus.

Dieses Einkaufslied soll helfen, Kenntnisse zu vertiefen. Wurst kauft man nicht beim Bäcker und einen Hut nicht beim Schuster! Den Kindern macht es Spaß, ihr Wissen unter Beweis zu stellen. – Strophen dazu erfinden!

60. In dem Haus wohnt die Maus

Möglichst gemeinsam mit den Kindern wird ein Haus-Schema gezeichnet. Dazu wird eine Maus gebastelt, groß genug, dass die Kinder sie anfassen, d. h. gut greifen können. Beim Singen werden mit Hilfe der Maus die Zimmer gesucht und genannt. Die Zahl der Zimmer kann beliebig gewählt werden, und je nach Zusammenstellung erhält man viele Strophen, so dass alle Kinder einmal die Maus wandern lassen können.

In unserm Haus

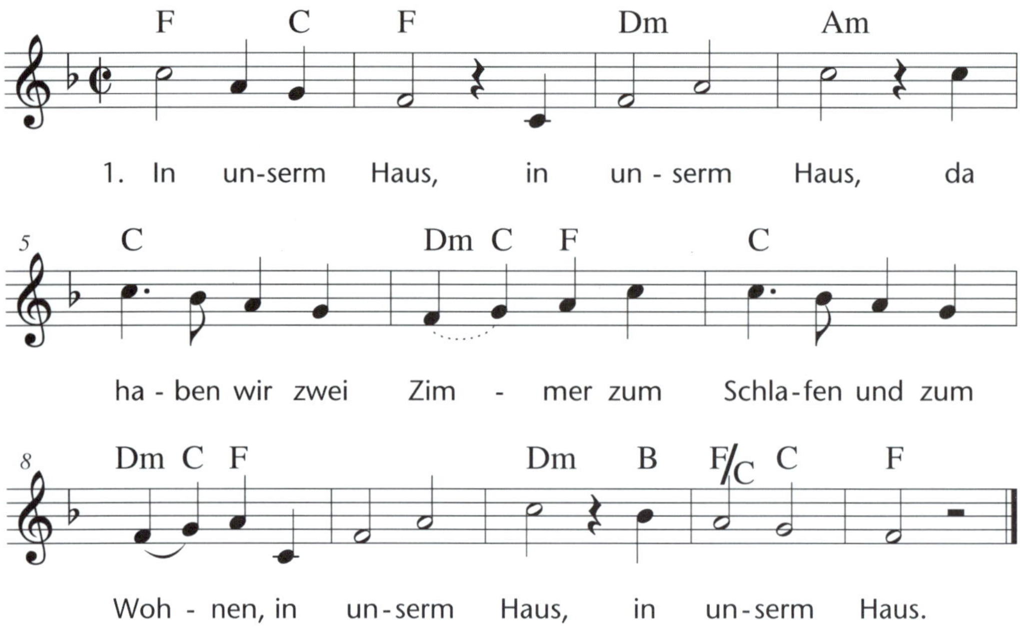

2. In unserm Haus, in unserm Haus,
da ist auch eine Küche
zum Kochen und zum Essen,
in unserm Haus, in unserm Haus.

3. In unserm Haus, in unserm Haus
ist auch ein Kinderzimmer,
da spielen unsre Kinder,
in unserm Haus, in unserm Haus.

4. In unserm Haus, in unserm Haus
ist auch ein Badezimmer
zum Waschen und zum Baden,
in unserm Haus, in unserm Haus.

5. In unserm Haus, in unserm Haus,
da ist auch eine Diele (oder: da ist ein langer Korridor),
da hängen unsre Mäntel,
in unserm Haus, in unserm Haus.

6. In unserm Haus, in unserm Haus
ist auch ein dunkler (oder: großer) Keller
für Werkzeug und Kartoffeln,
in unserm Haus, in unserm Haus.

7. In unserm Haus, in unserm Haus
ist oben auch ein Boden,
da trocknet unsre Wäsche,
in unserm Haus, in unserm Haus.

Erfinden Sie mit den Kindern zusammen weitere Strophen! Sie können auch Strophen weglassen, wenn das sinnvoll erscheint. Alles zusammen dient dazu, den Begriff „Haus“ zu verdeutlichen und zu vertiefen. Vielleicht empfinden die Kinder durchaus den Zusammenhang zwischen „Haus“ und „Zuhause“, zwischen „Wohnung“ und „Geborgensein“. Deshalb könnte die Schlussstrophe in jedem Fall etwa so heißen:

In unserm Haus, in unserm Haus,
da wohnen wir sehr gerne.
Es ist so schön gemütlich
in unserm Haus, in unserm Haus.

62.

Mein kleines Dorf

2. Die Kirchturmspitz' ist kugelrund,
die Turmuhr schlägt zu jeder Stund.
Am Rathaus große Bäume stehn
in meinem kleinen Dorf.

3. Und Tiere sieht man überall,
auf Wiesen und auch in dem Stall,
viel' Tauben flattern hin und her
in meinem kleinen Dorf.

4. Ein schöner Brunnen steht am Markt,
und manchmal auch ein Bus dort parkt.
Das Wirtshaus heißt „Zum Lindenwirt"
in meinem kleinen Dorf.

5. Am Dorfrand eine Mühle steht,
das Mühlrad sich im Winde dreht.
Zwei Störche wohnen jedes Jahr
in meinem kleinen Dorf.

6. Ein Schulhaus gibt es, groß und schön,
dahin die Kinder gerne gehn.
Der Fußballplatz ist dicht dabei
in meinem kleinen Dorf.

7. Und Autos gibt's und Pferde
und eine Schäfchenherde,
dazu den Hirten und den Hund
in meinem kleinen Dorf.

8. Mein kleines buntes Dorf ist schön,
du hast es jetzt ja selbst gesehn.
Drum bleibe ich auch gern zuhaus
in meinem kleinen Dorf.

Dies soll nicht nur ein beschauliches Liedchen sein, sondern die Kinder versuchen, über das Spielen zu lernen, was es alles in einem kleinen Dorf gibt. Vieles davon gibt es auch in der Stadt, manches andere nicht. Da sind Unterschiede, die man versuchen kann zu klären. Beim Herstellen des nötigen Spielmaterials können die Kinder mithelfen: Sie können ausmalen, ausschneiden, kleben und vieles mehr. Materialvorschläge: 1 großes Dorf-Bild mit allem, was in den Liedstrophen vorkommt; 1 großes Dorf-Puzzle; 1 großes, lotto-ähnliches Dorf-Spiel (bestehend aus einer Grundplatte und Einzelteilen mit Kirche, Rathaus, Schafherde, Brunnen usw., siehe Vorlage auf S. 66, vgl. auch Anmerkungen zu Lied Nr. 22 auf S. 20). Sicher lassen sich noch mehr Spielmöglichkeiten finden.

Zum Lindenwirt
Rathaus

Frau Woche

2. Die Woche ist sehr oft zu Gast bei uns
im Sommer und im Winter,
begleitet uns treu durch das ganze Jahr
mit allen ihren Kindern.
Refrain:
Mit Montag und mit Dienstag,
mit Mittwoch und mit Donnerstag,
mit Freitag und mit Samstag
und mit dem lieben Sonntag.

Als Abschluss wird gesungen:

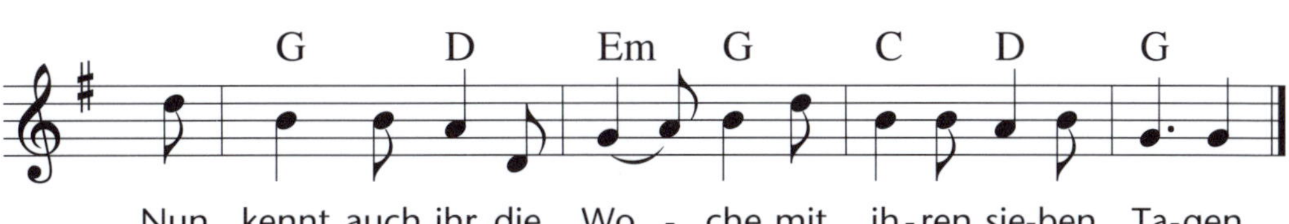

So kann das Lied im Kreis gesungen werden:
Alle stehen im Kreis. Ein Kind ist die „Frau Woche", es geht innerhalb des Kreises herum und holt sich nacheinander die „sieben Tage", die mit ihm gehen. Beim Abschluss klatschen alle übrigen im Außenkreis in die Hände. Dann wird gewechselt und eine neue „Frau Woche" geht in den Kreis. – Bei der zweiten Strophe geht die Aufzählung der Tage schneller, das muss beim Abholen der Kinder berücksichtigt werden.
Andere Spielweise: Alle sitzen im Kreis. Die „Woche" und die „Tage" werden vor dem Singen ausgemacht – bekommen vielleicht auch ein Namensschild – und sollen nun bei der Aufzählung einmal kurz aufstehen, sich zeigen und sich dann wieder setzen. Am Schluss stehen dann alle – „Woche" und „Tage" – nochmals auf, alle Namen werden wiederholt.
Weitere Spielarten können selbst erfunden werden.

64. Lieber Hansel, kannst du tanzen?

Tanz- und Spielform:
Statt „Hansel" werden vom Spielleiter nacheinander alle im Kreis namentlich angesprochen bzw. angesungen. Das lang gezogene „Lieber" am Liedanfang erhöht dabei die Spannung, wer wohl als nächstes im Kreis tanzen darf. Jeder tanzt dann, wie es ihm gerade Spaß macht, hüpfend oder gehend, behutsam oder heftig, je nach Temperament. Haben mehrere Kinder denselben Namen, so tanzen natürlich alle diese Kinder zusammen. Beim Refrain unterstützen alle übrigen die Tänzer mit ermunterndem Klatschen. Ist der Kreis der Mitspieler sehr groß und will man das Ganze etwas abkürzen, ohne jemanden zu übergehen, so kann man Gruppen aufrufen: Liebe Jungen, Mädchen, Muttis, Leute usw., je nach Zusammensetzung der Gruppe. Mit diesem Tanzspiel kann man auch die zaghaftesten Kinder dazu bringen mitzumachen. Manche müssen erst direkt aufgefordert werden, man muss auf sie zugehen und ihnen die Hände reichen, dann schaffen sie es ...

65. Karneval-Schunkelwalzer

2. Im Karneval, im Karneval,
verkleiden sich die Kinder all,
der Harlekin, der Domino,
die tanzen mit uns so:
Mal links herum, ...

3. Der Karneval, der Karneval,
bringt Freude uns auf jeden Fall;
das Tanzmariechen wiegt sich mit
im Schunkelwalzerschritt:
Mal links herum, ...

Ein Schunkelwalzer für Kinder: leicht und verständlich im Text, einfach in der Melodie und durch die Wiederholungen in den Strophen ohne belastende Längen. So ist er ganz auf die Kinder abgestimmt, soll ihnen Spaß machen und viel Freude bringen in der Karnevalszeit.

66. Instrumentenlied

2. Fideli, so macht die Geige,
fideli, fideli, fideli!
Und so singen wir fide fide fideli,
und so singen wir fide fide fideli!
Fideli ...

3. Tät-rä-tä, so macht die Trompete,
tät-rä-tä, tät-rä-tä, tät-rä-tä!
Und so singen wir tät-rä-tä, tät-rä-tä-tä,
und so singen wir tät-rä-tä, tät-rä-tä-tä!
Tät-rä-tä ...

4. Bum-bum-bum, so macht die Trommel,
bum-bum-bum, bum-bum-bum, bum-bum-bum!
Und so singen wir bum-bum-bum, bum-bum-bum-bum,
und so singen wir bum-bum-bum, bum-bum-bum-bum!
Bum-bum-bum ...

5. Schrumm-schrumm-schrumm, so macht das Orchester,
schrumm-schrumm-schrumm, schrumm-schrumm-schrumm, schrumm-schrumm-schrumm!
Und so singen wir schrumm-schrumm-schrumm, schrumm-schrumm-schrumm-schrumm,
und so singen wir schrumm-schrumm-schrumm, schrumm-schrumm-schrumm-schrumm!
Schrumm-schrumm-schrumm ...

Aus Bambusstäben, Styropor und Pappe werden für die kleinen Musikanten Instrumente angefertigt. Beim Singen dürfen alle Kinder aufstehen, deren Instrument „dran ist", und darauf „spielen". In Takt 5 fallen alle im Kreis mit ein und machen die Solisten nach. So ergibt sich ein bewegtes und munteres Musizieren. – Andere Spielarten selbst finden!

67.

Singen und klingen

A

B

C

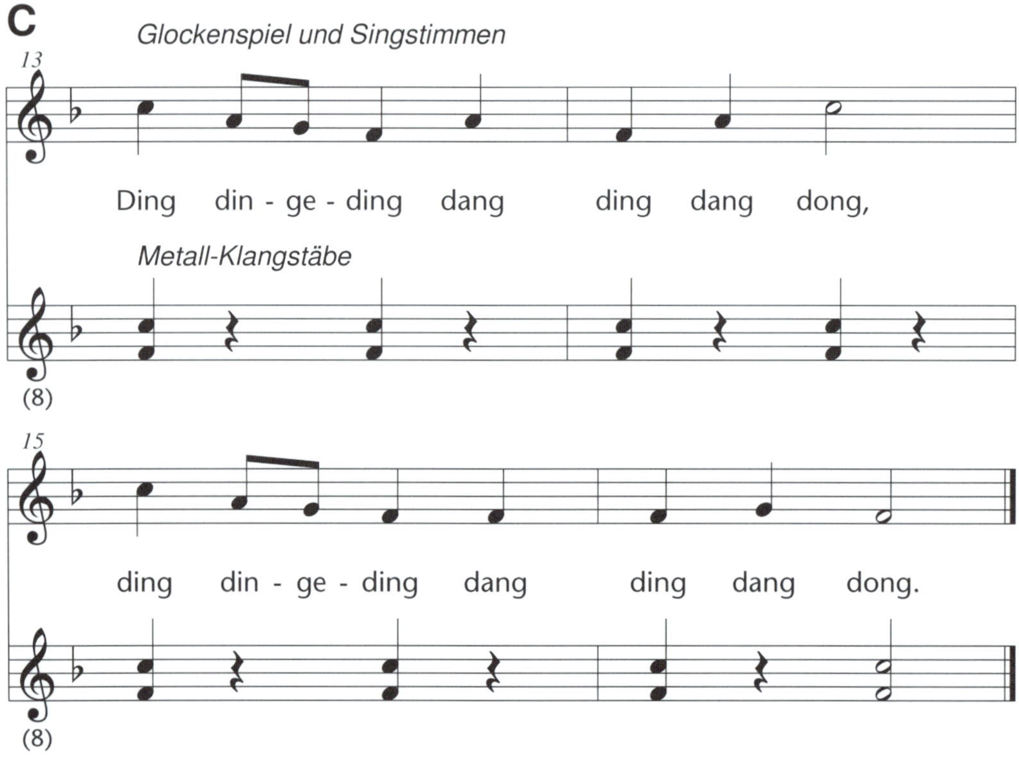

2. Das macht allen Freude,
hört nur wie das klingt,
mit den kleinen Glocken
jeder fröhlich singt.
Ding ...

Mit leichten „Musizierliedern" und einfachsten klanglichen und rhythmischen Mitteln kann man hin und wieder versuchen, auch Orff-Instrumente einzusetzen. Zum einen, um die Kinder an den Umgang mit Instrumenten zu gewöhnen, zum anderen, weil es ihnen viel Spaß macht. Erfahrungsgemäß kommen die Kinder am besten mit der Begleitung zurecht; Tonwiederholungen und regelmäßige Rhythmen zu spielen fällt ihnen nicht so schwer. Melodieführende Solostimmen oder -instrumente übernimmt die Lehrkraft selbst oder übt sie mit dazu befähigten Kindern gesondert, damit die Gruppe schneller zum gemeinsamen Spiel und damit zum Erfolg kommt. Lieber ein Stück, ein Lied in Abständen wiederholen, als einmal zu lange spielen, die Konzentration der Kinder lässt schnell nach. – Die angegebene Spielweise ist ein Vorschlag, es gibt viele andere Möglichkeiten, die von den Kindern selbst weitgehend mitbestimmt werden können.

68.

Ferienlied

2. Der Vater wäscht das Auto blank
und füllt noch einmal voll den Tank,
er räumt die Koffer dreimal um,
und weißt du auch warum?
Wir machen eine ...

3. Der Opa kommt und sagt „Adieu“,
der Abschied tut ihm sicher weh,
wir Kinder springen froh herum,
und weißt du auch warum?
Wir machen eine ...

4. Und endlich ist dann alles da,
wir rufen alle laut „hurra“,
und keiner schaut sich noch mal um,
und weißt du auch warum?
Wir machen eine ...

69. Lasst uns baden gehn

2. Und wer schon richtig schwimmen kann,
der zeigt im Wasser, was er kann.
Holla watsch,...

3. Und wer noch nicht gut schwimmen kann,
der fängt vergnügt zu planschen an.
Holla watsch,...

„Wasser" und „Baden" – das ist den Kindern gut vertraut, und alles, was mit Wasser zu tun hat, haben sie in der Regel sehr gern. So macht ihnen auch das „Badelied" besonderen Spaß. Das „Schwimmen" und „Planschen" wird durch lebhafte Bewegungen dargestellt, und der Refrain mit Patschen und Klatschen ebenfalls aktiv begleitet. Etwa so:

Holla	*= ein Klatscher in die eigenen Hände*
watsch	*= ein Patscher auf die eigenen Oberschenkel*
watsch, watsch	*= zwei Klatscher gegen die Handflächen des Nachbarn.*

Bei „das macht uns Spaß" entsprechend vier Klatscher in die Handflächen.

Instrumentalbegleitung:

70. Unter dem Birnbaum

2. Holler di boller, di babbel di bab,
auch alle Äpfel fallen herab
von dem Apfelbaum, ...

3. Holler di boller, di bibbel di bib,
auch alle Pflaumen nehmen wir mit
von dem Pflaumenbaum, ...

Das „Obst" für die Obsternte stellen die Kinder zusammen mit der Lehrkraft selbst her. Pflaumen, Äpfel und Birnen werden aus farbigem Karton ausgeschnitten und bekommen einen Stiel. Auch drei Bäume werden auf diese Weise hergestellt (nicht zu klein!). Beim Singen geht es dann darum, die jeweiligen Früchte dem richtigen Baum zuzuordnen. Da gibt es doch tatsächlich die lustige Geschichte, dass manchmal die Pflaumen am Apfelbaum wachsen!
Varianten:
Plastik- oder Holzfrüchte (aus dem Handel) oder echte Früchte verwenden.
Die Kinder sind die Bäume und zeigen ihre Früchte in ihrer Strophe.
Besuch in einem Obstgarten.

71. Drachenlied

2. Du fliegst ja schon hoch über unser Haus,
du willst wohl gar zum Himmel rauf,
zum Himmel gar hinauf.

3. Ach, bitteschön, grüße den Wind von mir
und auch die Sonne über dir,
die Sonne über dir!

Wenn es Spätsommer wird, dann sieht man auf den Wiesen und Weiden Kinder, die ihre Drachen steigen lassen. Die Lehrkraft baut mit den Kindern ihrer Gruppe vielleicht auch einen Drachen, zeigt ihnen, wie die Schnüre laufen – und möglichst auch draußen die Drachen hoch in der Luft. Dann probieren es alle natürlich auch selbst, na, und dann wird das Lied vom Drachen, der so schön fliegen kann, gesungen.

72. Bommel bam, Laterne

2. Bommel bam, Laterne, mit dir geh ich so gerne,
Sankt Martin ist ein guter Mann,
la bimmel, bommel, bam.

3. Bommel bam, Laterne, mit dir geh ich so gerne,
und alle Kinder singen dann:
„La bimmel, bommel, bam."

Jedes Jahr im Herbst ziehen Kinder mit ihren bunten Laternen durch die dunklen Straßen. Der Lichtschein, den ihre Laternen gleichsam schützend um sie herum erzeugen, ist immer wieder faszinierend für sie. Unterstützt durch die große Gemeinschaft so vieler fröhlich singender Kinder ist der Laternenzug ein wunderschönes Erlebnis für sie. Den altbekannten und vertrauten Laternen- und Martinsliedern wird zur Auflockerung ein weniger bekanntes, neues Laternenliedchen hinzugefügt. Das Leuchten und Singen gehört zusammen und kann den Kindern gar nicht lang genug gehen.

73. Der Nikolaus tanzt

2. Tanze, tanze, Nikolaus,
denn das sieht so lustig aus!
Rechtes Bein und linkes Bein,
und ein Hüpfer mittendrein;
tanze, lieber Nikolaus,
bitte auch in unserm Haus!

3. Lieber, guter Nikolaus,
mach den großen Sack bald auf,
all die Sachen wunderschön
möchten wir so gerne sehn!
Tanze, lieber Nikolaus,
mit uns durch das ganze Haus!

Das Lied vom tanzenden Nikolaus nehmen Kinder erfahrungsgemäß mit Begeisterung auf. Wir haben versucht, den Nikolaus textgemäß nachzuspielen, und manchmal hätte man meinen können, der „Nikolaus" tanze wirklich inmitten der Kinder im Kreis herum. Wo es einmal nicht so spontan geht, wird das Spiel erst einmal strophenweise vorgemacht, bevor alle zusammen den tanzenden Nikolaus nachzumachen versuchen. Möchten einzelne Kinder vortanzen, geben Sie ihnen die Gelegenheit dazu. Wie schön, wenn dann noch ein Kostüm dabei wäre!
Zur Vertiefung kann auch eine Bilderreihe zum Lied angefertigt werden, die den lustigen Nikolaus anschaulich darstellt.

74. Weihnachten kommt

2. In der Küche riecht es gut,
Mutter backt schon Plätzchen
und ein süßes Knusperhaus
für ihr kleines Schätzchen.

3. Und am grünen Tannenbaum
brennen bald die Kerzen,
machen unser Zimmer hell
und auch unsre Herzen.

Die Vorweihnachtszeit hat etwas ganz Besonderes an sich. Da gibt es viele kleine Geheimnisse – und große Vorbereitungen – und zauberhafte Stunden bei adventlichem Kerzenschein. Köstliche Düfte ziehen aus der Küche durchs ganze Haus, und immer wieder warten irgendwo kleine Überraschungen. Ja, es ist die Zeit vieler froher Erwartungen und großer Vorfreude.
Dieses Lied soll ein wenig die frohe Stimmung dieser besinnlichen Zeit vermitteln; denn was wäre der Advent ohne Lieder, ohne das Singen so vieler erwartungsfroher Kinder?

75. Sieben Tage hat die Woche

2. Und so geht das jede Woche,
jeden Monat, jedes Jahr!
Und du kennst bald alle Namen,
das ist ganz gewiss wohl wahr.
Zuerst kommt der Montag …

Singen Sie langsam und deutlich, damit die Kinder den Text gut verstehen können. Das Aufzählen der Wochentage sollte zunächst nicht zu schnell sein, es wird ganz von alleine mit zunehmender Sicherheit schneller und schwungvoller werden. Beim Aufzählen können Namenstafeln mit den Wochentagen helfen oder auch Bilder von Tätigkeiten und Lernprogrammen der einzelnen Tage, z. B. Werken für Donnerstag, Turnen für Dienstag usw.
Eine andere Spielmöglichkeit: Sieben Kinder (= die Wochentage) kommen nacheinander beim Aufzählen in die Kreismitte und tanzen dort zusammen. Alle zusammen bilden sie „die Woche".

76. Ich ziehe mich an

2. Ich ziehe mir die Bluse an, und das geht so: ...

3. Ich zieh mir den Pullover an, und das geht so: ...

4. Ich ziehe mir mein Kleid jetzt an, und das geht so: ...

5. Ich ziehe mir die Hose an, und das geht so:
Zuerst, da muss ein Bein hinein,
das andre folgt gleich hinterdrein,
dann steck ich schön das Hemdchen rein,
dann mach ich alles zu ganz fein;
ja so, ja so kann ich das bald allein,
ja so, ja so kann ich das bald allein.

Beliebig zu verlängern!

Es ist mühsam und aufwändig und fordert viel Geduld, mit den Kindern das An- und Ausziehen zu üben, bis sie es selbstständig können. Mit diesem Lernspiel wird es ein wenig erleichtert. In der vorliegenden Form ist es eine Art Modell, das heißt, Text, Strophenzahl, Reihenfolge der Handgriffe usw. können und sollen den jeweiligen Gegebenheiten entsprechend umgeformt, verlängert oder verkürzt werden. Bei entsprechender Umformulierung des Textes hilft das Lied auch beim Ausziehen. Wichtig: Alles selbst mitmachen! Dazu eventuell „Übungskleidung“ nehmen, die bunt und lustig ist und somit auffällig.

77. Bei uns ist heut Waschtag

2. Bei uns ist heut Waschtag …
   Und hab ich gewaschen, dann spüle ich aus
   und wringe das Wasser ganz kräftig auch raus.

3. Bei uns ich heut Waschtag …
   Gut locker geschlagen, so hänge ich auf
   mit Klammern schön rot und schön grün, gelb und blau.

4. Bei uns ist heut Waschtag …
   Ist alles dann trocken, dann nehme ich's ab
   und bügle die Wäsche so richtig schön glatt.

5. Bei uns ist heut Waschtag …
   Nun muss ich noch falten – ei, seht nur, wie fein!
   Nun kann meine Wäsche ins Schrankfach hinein.

Das Lied eignet sich gut zum Vorspielen: Alle Kinder werden zu kleinen Waschfrauen, bekommen alles nötige Zubehör, und schon kann es so richtig losgehen!

78. Wir machen viele kleine Schritte

Takt 1-2 *4 kleine Schritte vor und 4 zurück*
Takt 3-4 *7x mit beiden Füßen abwechselnd aufstampfen*
Takt 5-6 *abwechselnd (4x) die Arme hoch und zur Seite strecken:*
re hoch, li hoch, re Seite, li Seite (in halben Notenwerten)
Takt 7-8 *7x in die Hände klatschen*

Zunächst einstimmig und langsam anfangen. Erst bei guter Sicherheit im Kanon singen und sich dazu bewegen. Ist die Gruppe klein, spielt man in zwei Reihen gegenüber, sind mehr Mitspieler da, wird im Quadrat gespielt, wobei man bis zu vier Gruppen wählen kann. – Durch weitere Strophen kann der Spaß verlängert werden, z. B.: „Wir klatschen alle auf die Beine ...“ oder auch: „Wir spielen alle auf der Trommel ...“ (Das Spielen auf verschiedenen Instrumenten mit Bewegungen nachmachen!)

79. Das ist meine Familie

2. Ich bin die ...
   Ich hab auch einen Papa, der Papa heißt ...

3. Ich bin die ...
   Ich hab auch einen Bruder, der Bruder, der heißt ...

4. Ich bin die ...
   Ich hab auch eine Schwester, die Schwester, die heißt ...

5. Ich bin die ...
   Wir haben auch ein Baby, das Baby, das heißt ...

Hier geht es um den Begriff „Familie". Die Kinder wissen, wer zu Hause zu ihnen gehört und dass sie Eltern und Geschwister haben. Sie lernen auch mehr oder weniger schnell deren Namen; aber wie sie alle zusammen mit Familiennamen genannt werden, bleibt ihnen oft lange fremd. – Beim Spielen wird bei jedem Kind, wenn es dran ist, geklärt, wie alle in der Familie heißen, dann darf es selbst – mit oder ohne Hilfe der Lehrkaft – singend erzählen.

80. Osterhasenspiel

Alle sitzen oder stehen im Kreis, ein Kind spielt den Osterhasen und hat ein kleines Körbchen mit Eiern. Ein weiteres Kind sitzt wartend in der Mitte. Das Kind, das den Osterhasen spielt, läuft außen um den Kreis herum. Bei „bringt viel bunte Eier mit" geht es in den Kreis hinein und gibt sein Eierkörbchen dem im Kreis sitzenden Kind. Nun darf dieses Kind der Hase sein, ein anderes setzt sich in den Kreis. So geht es reihum, bis alle Kinder an der Reihe waren. Andere Spielformen selbst finden.

81. Umba bumba

Vorschlag für den Bewegungsablauf:

Teil 1

Takt 1-4	*Abwechselnd mit den Füßen (rechts – links) seitlich vorn auftippen; die ausgestreckten, etwas nach unten zeigenden Arme und Hände machen die Bewegung mit.*

Teil 2

Takt 5-6	*Mit acht kleinen Schritten zur Mitte gehen, dabei in die Hände klatschen.*
Takt 7-8	*Mit acht kleinen Schritten rückwärts auf den Platz gehen, dabei weiter in Vierteln klatschen.*

Teil 3

Takt 9-10	*Abwechselnd Füße (rechts – links) nach vorne mit der Ferse aufstellen, die Arme machen die Bewegung mit, der Oberkörper ist nach hinten geneigt.*
Takt 11-12	*Viermal erst auf die eigenen Oberschenkel patschen, dann dreimal in die Hände eines Partners klatschen.* 

Zu den vorgeschlagenen Bewegungsformen neue dazu erfinden!

82. Ich bin der kleine Zirkusclown

2. Ich bin der kleine Zirkusclown …
Ich reite den Esel, da lachen die Leut,
da haben wir alle zusammen doch Freud!

3. Ich bin der kleine Zirkusclown …
Ich tanze so schön, ja, da lachen die Leut,
da haben wir alle zusammen doch Freud!

4. Ich bin der kleine Zirkusclown …
Geh ich auf das Seil, ja, da lachen die Leut,
da haben wir alle zusammen doch Freud!

5. Ich bin der kleine Zirkusclown …
Und singe ich laut, ja, da lachen die Leut,
da haben wir alle zusammen doch Freud!

6. Ich bin der kleine Zirkusclown …
Ich mach so viel Spaß, ja, da lachen die Leut,
da haben wir alle zusammen doch Freud!

7. Ich bin der kleine Zirkusclown …
Ich steh auf dem Kopf, ja, da lachen die Leut,
da haben wir alle zusammen doch Freud!

Weitere Strophen erfinden!

Die Kinder versuchen, dem lustigen Clown alles nachzumachen. Obwohl sie vielleicht schon mal im Zirkus waren, wissen sie womöglich zunächst nicht, was ein Clown ist. Zum besseren Verständnis werden Bilder zu jeder Strophe gezeigt – über das Sehen wird das Verstehen dann leichter (Vorlagen siehe S. 92 und 93).

83. Komm doch herein

2. Warum wollt ihr denn draußen stehen?
Kommt doch herein, kommt doch herein,
kommt herein, ihr werdet sehen, keiner muss alleine sein.
Klopft doch mal an, die Tür geht auf,
klopft doch mal an, wir freun uns drauf!
Klopft mal an, kommt doch herein,
lasst uns gute Freunde sein.

Dieses Bewegungs- oder Tanz-Lied ist für ältere Kinder gedacht. Passen Sie mit den Kindern zusammen Tempo und Bewegung dem Text und der Melodie an. Für eine instrumentale Begleitung können Melodieinstrumente, Gitarre und Schlagwerk eingesetzt werden.

84. Draußen ist es schön

2. Draußen wird es grün, da draußen wird es grün,
da draußen wird es so schön grün, und viele bunte Blumen blühn,
ja, draußen wird es grün.

3. Draußen ist es warm, da draußen ist es warm,
da draußen ist es herrlich warm, da wollen alle Go-Kart fahrn,
ja, draußen ist es warm.

4. Draußen lacht der Mai, da draußen lacht der Mai,
da draußen lacht der liebe Mai, er bringt den Sommer bald herbei,
ja, draußen lacht der Mai.

Dieses Lied hat einen starken Aufforderungscharakter für die Kinder: Die leichte, aufstrebende Melodie, der einfache, sich wiederholende Text – alles drängt zu Bewegung und Unternehmungslust. Die meisten Kinder mögen dieses Lied, und man möchte ihnen oft lachenden Sonnenschein wünschen, damit sie es ebenso oft singen können. Wenn man die Mai-Strophe weglässt, kann man das Lied den ganzen Sommer hindurch singen.
Noch eine Möglichkeit: Aus dem Lied wird ein Beobachtungsspiel. Kann z. B. ein Kind schön malen, dann wird gesungen:

„Felix malt so schön, der Felix malt so schön,
der Felix malt so wunderschön, das können alle Kinder sehn,
ja, der Felix malt so schön!"

Dann geht es reihum, bis alle dran waren. Für jeden wird eine kleine Strophe erfunden: Ein Kind hüpft, eines hat schöne Augen oder hübsche Locken, noch ein anderes kann balancieren (was es vor kurzem vielleicht noch nicht konnte!) usw. Jedes Kind ist stolz, auf diese Weise Lob und Beachtung zu finden.

Rote, blaue, schwarze Beeren

2. Stachelbeeren, dick und rund,
steck ich gleich so in den Mund;
aber die Johannisbeer'n
ess ich nur mit Zucker gern.
Rote und blaue ...

3. Erdbeeren, saftig, süß und rot,
schmecken gut zum Butterbrot,
aus dem Wald die blauen Beer'n,
mag mit kalter Milch ich gern.
Rote und blaue ...

4. An dem grünen Brombeerstrauch
wachsen schwarze Beeren auch,
Marmelade, gut und fein,
kocht die Mutter für uns ein.
Rote und blaue ...

Heutzutage ist es möglich, alle hier im Lied erwähnten Beerensorten mit etwas Glück gleichzeitig zu bekommen. Passen Sie also einen günstigen Zeitpunkt ab, kaufen Sie die Beeren und bringen Sie sie den Kindern. Singend lernen sie Namen, Formen, Farben, Geschmack usw. Das Naschen und Probieren ist besonders wichtig!

Ich bin die kleine Schnecke

2. Ich bin die kleine Schnecke,
mein Haus hat keine Ecke,
und klopft mal jemand an mein Haus,
streck ich zuerst die Hörner raus,
darum bin ich auch die Schnecke.

3. Ich bin die kleine Schnecke,
mein Haus hat keine Ecke,
wohin ich geh, bei jedem Schritt,
da nehme ich mein Haus auch mit,
darum bin ich auch die Schnecke.

Beim Spazierengehen kann man manchmal Schnecken sehen – oder man findet im Garten ein leeres Schneckenhaus – oder die Kinder malen eine schöne Schnecke. Das alles und dieses Lied helfen, die Schnecke kennen zu lernen.

87. Der Pilz

2. Der Pilz, der Pilz steht nur auf einem Bein,
drum braucht der Pilz auch nur ein Hosenbein.
Er braucht nur einen Strumpf dazu,
na klar, und auch nur einen Schuh.
Der Pilz, der Pilz steht nur auf einem Bein.

3. Der Pilz, der Pilz kann nicht spazieren gehn,
er bleibt schön still an einem Platze stehn.
Doch dafür lädt er zu sich ein
die Bienen und die Käferlein.
Der Pilz, der Pilz kann nicht spazieren gehn.

Was ist ein Pilz? Wie sieht er aus? Und wo finden wir ihn? Diese und noch mehr Fragen um den Pilz können Sie den Kindern beantworten und alles, was für ihn charakteristisch ist, hervorheben. Dann macht ihnen das Lied sicher viel Spaß!

88. Gemüselied

2. Der Spinat, der wächst in Reih und Glied,
er wird abgepflückt und heiß gebrüht.
Dann wird er gehackt und gedünstet ganz weich
mit einem Klecks Butter – dann schmeckt er auch euch!

3. Die Tomate ist schön rund und rot,
und sie schmeckt uns gut zum Butterbrot.
In Suppen und Soßen, als Saft und Salat,
die roten Tomaten man gerne hat.

4. Jetzt beim Kohl wird's schlimm, das sag ich dir,
denn da gibt's mehr Sorten als nur vier:
Den Weißkohl, den Rotkohl, den Blumenkohl,
den Grünkohl, den Spitzkohl, den Rosenkohl.

Anschauungsmaterial für dieses Lied gibt es frisch das ganze Jahr hindurch; deshalb ist es gut, wenn man es zur Vorbereitung oder Vertiefung des Liedes bereithält. Vielleicht lässt man von den Kindern auch einmal eine Salatplatte mit anrichten, das gefällt ihnen bestimmt! – Beim Erlernen des Liedes fällt den Kindern sicher auf, dass noch so manches Gemüse fehlt, etwa Möhren, Gurken, Erbsen, Kohlrabi usw., was ein Anreiz sein kann, neue Strophen zu erfinden. – Das Gemüselied ist auf Wunsch der Kinder nach dem Beerenlied von Seite 96 entstanden.

89. Wo sind die Nudeln?

Gestalten Sie dieses Lied rhythmisch mit lebhaften Gesten, Körperperkussion und eventuell mit Schlagwerkinstrumenten. Sie können es beliebig oft wiederholen und variieren.

90. Wir fahren mit der Eisenbahn

2. Bimmel, bimmel, bimmelbam,
wir fahren mit der Eisenbahn,
alle winken noch einmal,
der Zug fährt ab.

3. Bimmel, bimmel, bimmelbam,
wir fahren mit der Eisenbahn,
rechts und links und gradeaus
und dann nach Haus.

4. Bimmel, bimmel, bimmelbam,
wir fahren mit der Eisenbahn,
unsre Reise war sehr schön,
auf Wiedersehn!

Die Kinder stehen hintereinander in einer Reihe und legen dem Vordermann die Hände auf die Schultern – sie alle sind die lange Eisenbahn, die mehr oder weniger schnell „fährt"! Der Text wird lebhaft mit entsprechenden Gesten gestaltet (Takte 3 und 4).

91. Hallo, kommt doch mal rüber

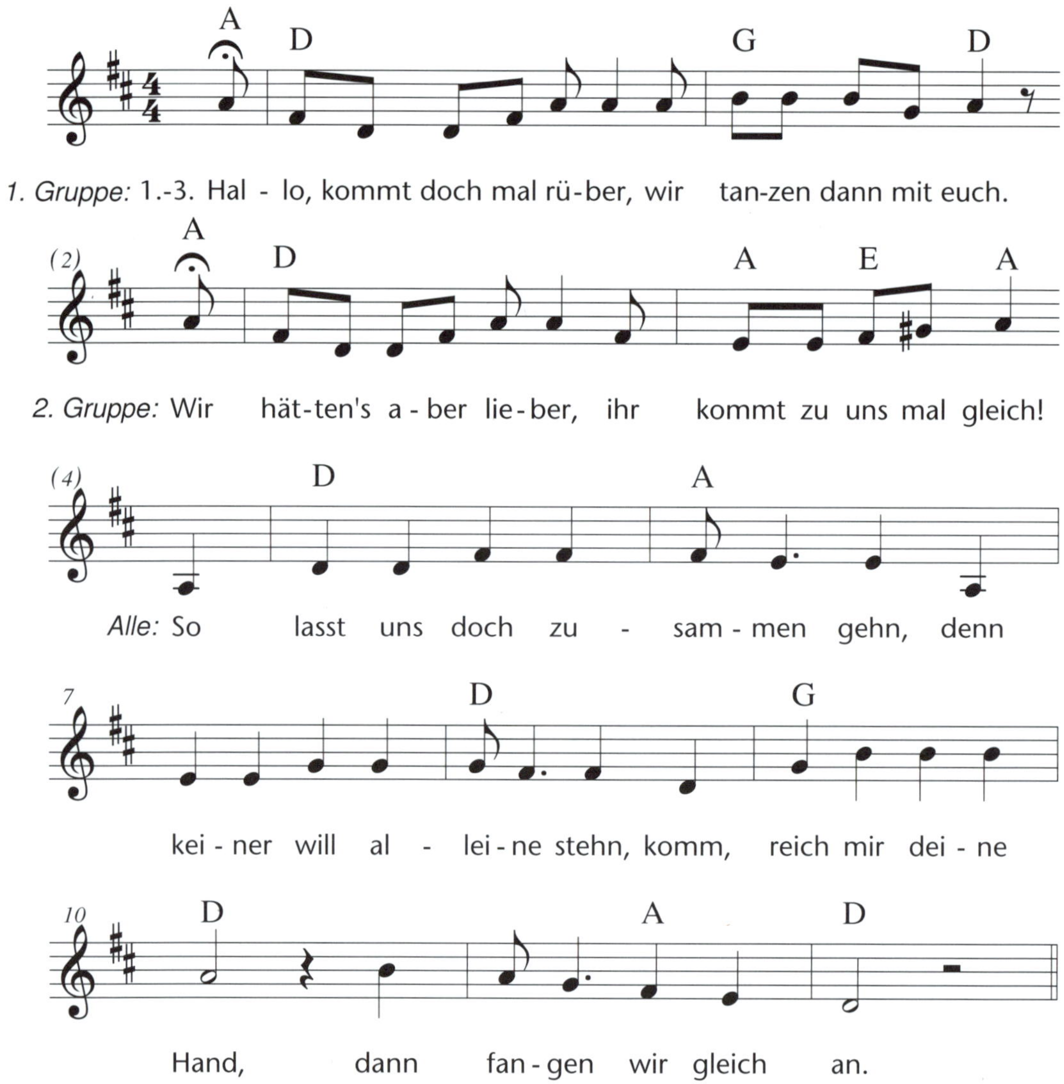

1. Polka

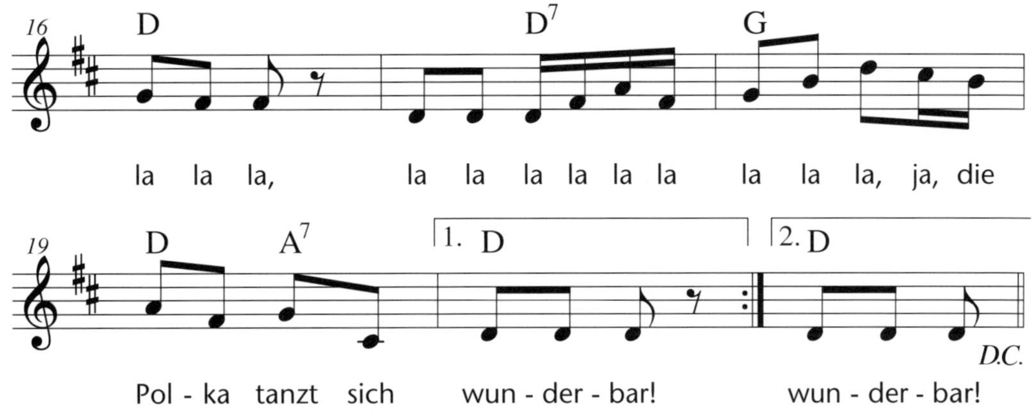

2. Walzer

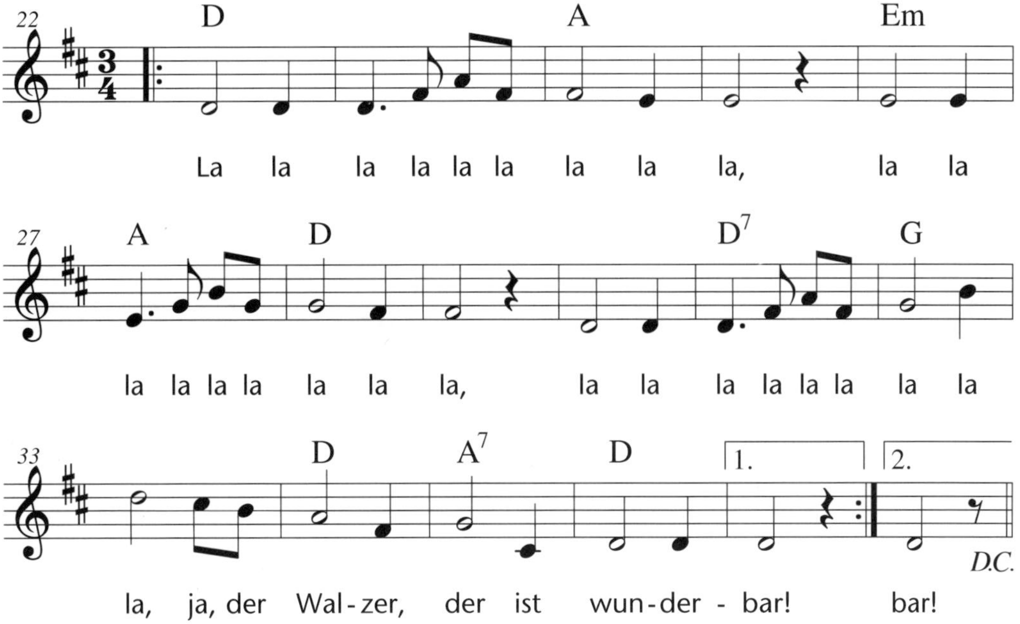

3. Marsch

92. Kinder, holt den Schlitten

1. Zieht euch warme Mützen an,
denn kräftig bläst der Wind,
besonders wenn es runtergeht,
das geht ganz schön geschwind: So eine ...

2. Wenn du auch mal runterfällst,
pass auf, das tut nicht weh,
denn überall und rundherum
ist weicher, dicker Schnee: So eine ...

Der Refrain lässt sich gut mit kleinem Schlagwerk begleiten. Ob im Rhythmus oder im Metrum oder mit einzelnen Akzenten begleitet wird – die Form findet jeder Mitspieler (bzw. die Gruppe) nach eigenem Können. Diese „freie" Form der Schlagwerkbegleitung ist für die Kinder von besonderem Reiz.

93. Musikanten, hereinspaziert!

Spielfolge:

1. Durchgang:	*alle Instrumente*
2. und folgende:	*nur jeweils Rasseln, Cymbeln, Trommeln etc.*
letzter Durchgang:	*wieder alle zusammen*

Glossar

Akzent
Betonung

Klangstab
Resonanzkörper mit einer einzelnen, auf einen bestimmten Ton gestimmten Holz- oder Metallplatte (alternativ kann man auch ein Xylophon oder Metallophon verwenden)

klatschen
mit einer Hand auf die andere Hand (oder auf die eines Partners) schlagen oder mit beiden Händen auf die Hände eines oder mehrerer Partner schlagen (vgl. „patschen")

Kleines Schlagwerk
dazu gehören einfache, nicht auf konkrete Töne gestimmte Schlaginstrumente des Orff-Instrumentariums wie Triangel, Becken, Cymbeln, Claves, Holzblock, Rasseln, Schellenkranz, Glocken

Körperperkussion
perkussives (also „schlagzeugartiges") Musizieren auf dem eigenen Körper, z. B. auf die Beine patschen, klatschen u. v. a.

Metrum
der Grundschlag eines Liedes; im 4/4-Takt oder 3/4-Takt besteht das Metrum aus durchgehenden Viertelnoten, im 3/8-Takt aus durchgehenden Achtelnoten, im Alla-breve-Takt (Symbol 𝄵) sind es durchgehende halbe Noten

patschen
mit der flachen Hand auf den Körper schlagen (vgl. „klatschen")

Rhythmus
Abfolge der Notenwerte in einer Melodie; der Rhythmus der Textzeile „Alle Vögel sind schon da" lautet beispielsweise:

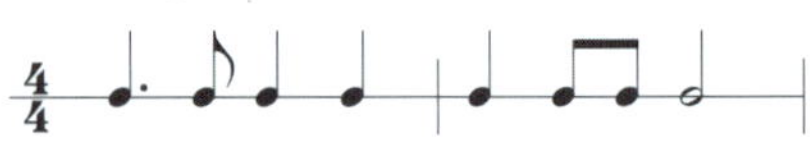

Thematisches Liedverzeichnis

Einige Lieder sind mehrfach erfasst, da sie zu verschiedenen Themen passen.

Tiere

Farben/Malen

Alltagsgegenstände/Spielzeug

Tages- und Wochenablauf

Zahlen/Mengen/Größen

Obst und Gemüse/Essen

Mein Alltag

Instrumente

Fahrzeuge

*) = zu diesen Liedern ist eine Stimme für Orff-Instrumente ergänzt

Alphabetisches Liedverzeichnis

(Verzeichnet sind sowohl die Liedtitel als auch davon abweichende Liedanfänge.)

Tanzen mit Kindern

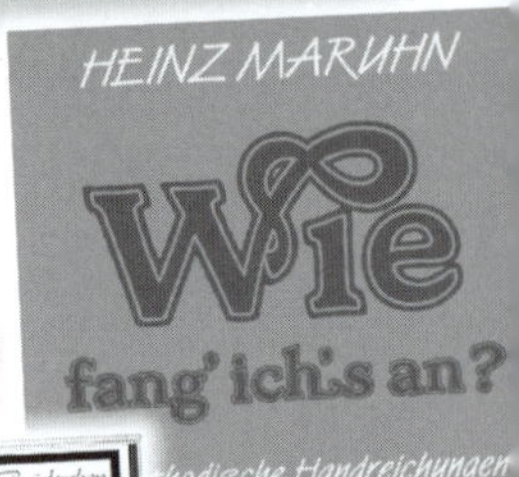

Heinz Maruhn
Wie fang ich's an?
Methodische Handreichungen der Tanzvermittlung im Elementar- und Primarstufenbereich:
Bewegungsspiele • Tanzspiele • Kindertänze

80 Seiten mit 2 CDs • Best.-Nr. **642** • **37,80 €**

Bewegungsspiele: Gehen nach Vorstellungshilfen • Bewegungsbegleitung mit Instrumenten • Imitation von Tierbewegungen • Spiel von den Schmetterlingen oder Bienen • Karussell-Spiel • Das Schlangen-Spiel • Das Partner-Spiel mit Reifen u. a.
Tanzspiele (Spiellieder): Der Wolf und die sieben Geißlein • Das Plumpsack-Spiel • Wir haben einen Omnibus • Brüderchen, komm tanz mit mir • Dort auf jenem Berge u. a.
Kindertänze: Ponypferdchen • Bruder Jakob • Trat ich heute vor die Türe • Hier kommt mein Freund • Im Kuckucksland • La Muñequita – Das Püppchen • Tanz, Maruschka u. a.

Elisabeth Seippel u. a.
Tanzen im Kindergarten

120 Seiten incl. CD • Best.-Nr. **903** • **24,80 €**

Kinder verwandeln tanzend ihre Gefühle und Vorstellungen aus ihren Alltagserlebnissen, angeregt durch Geschichten und Märchen, mit selbst hergestellten Materialien und Kostümen.

Ausführliche TANZVERMITTLUNGEN zu 12 Tänzen und 5 Tanzspielen mit vielen Liedern, Bastelanleitungen, Kostümvorschlägen und Aufführungshinweisen.

Bärentanz • Feuertanz (Ersko Kolo) • Robinsontanz • Schachteltanz (Pash Pash) • Sternentanz • Schneemanntanz (Schot) • Junge Ritter tanzen auf ihren Pferden (Branle des Chevaux) • Käfertanz (Krebspolka) • Sassa, die Vogelscheuche (incl. Playback) • Ferienexpress • Ich hol mir einen Freund (Spring ins Feld) • Für die Füße und die Hände (Klapperklatsch) • Einer – Alle (Pljeskavac) • Instrumente spielen (Juan Piruleiro) u. a.

Lilo Sebastian
Die Tanzspieldose
15 neue Tanzideen für Kinder von 3-10 Jahren

24 Seiten mit CD (Folkloreorchester Ohrwurm) • Best.-Nr. **669** • **22,80 €**

Neue Lieder und Tänze, in denen Tiere dargestellt werden, die Bewegungsimpulse geben, die jahreszeitlich orientiert sind, zum Vorführen und Mitmachen bei Festen und Elternabenden oder zum Zuhören und Mitsingen.

Die Tanz-Spieldose • Vogeltraum • Dideldum • Glöckchentanz • Jetzt kommen die großen Tiere • He, Pippi Langstrumpf • Zehn kleine Osterhasen • Wasserspiele • Instrumenten-Song • Lachpolonaise • Geburtstagstanz • Flötenjagd • Bauernhof-Rock • Kleiner Bill • Zehn kleine Nikoläuse

bei FIDULA